南無本師釋迦牟尼佛

本師釋迦牟尼佛 偈讚

俱胝圓滿妙善所生身
成滿無邊衆生希願語
如實觀見無餘所知意
於是釋迦尊主稽首禮

至尊彌勒

大慈恩譯經基金會館藏　洛杉磯福智基金會、北加福智基金會迎請

至尊彌勒 偈讚

大慈火燒瞋恚薪

智慧光滅無明暗

紹法王位眾生怙

住兜率尊誠頂禮

阿底峽尊者

大慈恩譯經基金會館藏

阿底峽尊者 偈讚

富饒之地邦伽羅
貴胄撒賀王種姓
菩薩靜命所生族
燃燈智足敬頂禮

宗喀巴大師父子三尊

宗喀巴大師父子三尊 偈讚

肇建雪域車軌宗喀巴
事勢正理自在賈曹傑
顯密教法持主克主傑
佛王父子三尊敬頂禮

宗喀巴大師 著

菩提道次第廣論・奢摩他

校訂本

譯論／法尊法師
總監／真如
校訂／釋如法　釋如密　釋如行等

大慈恩・月光國際譯經院

譯場成員

原　　譯：法尊法師
授義師長：哲蚌赤蘇仁波切、哈爾瓦・嘉木樣洛周仁波切、大格西功德海、如月格西
總　　監：真如
主　　譯：釋如法
主　　校：釋如密
合校潤：釋如行
釋如吉、釋性華、釋性忠、釋性柏、釋性理、釋性展、釋性照、釋性懷、釋清宏、釋清知、釋清揚、釋廣慈、釋性普、釋性崇、釋性黎、釋性幻、釋緣亦、釋圓道、釋賢浩、釋性回、釋清育、釋性賀、釋性勇、釋見越、釋融法、釋起演、釋起運、釋起論、張瑞麟、蔡纓勳、潘呂棋昌、江寶珠、游陳溪、陳耀輝、吳孟洲、王淑均、葉郭枝、洪金澤、潘紘、趙軍、張嘉、左玉波、陳永盛

出版說明

一、本書之藏文原本，係依哲蚌寺果芒僧院所出版的《菩提道次第廣論四家合註》作為基礎，參校《四家合註》異本、《廣論》青海本等，擇善而從。

二、本書之漢文原本，依《菩提道次第廣論》第三版（福智之聲出版社，2010）為底本，而進行〈四家合註・奢摩他〉章翻譯，次別錄其中〈廣論・奢摩他〉章。因法尊法師的恩德，《廣論》中最艱深的〈止觀〉章得以廣被漢土，本譯經院方能在此基礎上，翻譯《四家合註》並完善法尊法師的譯文。故在原來的譯文上，針對較微細的藏文字句、義理稍作刪補，令尊法師所盛讚的「奇寶」，能盡可能呈現出宗喀巴大師論述的原貌，圓滿尊法師弘揚佛教的事業。因此，譯經院進行詳細校訂，反覆討論而後改譯。

三、本書所譯法相名詞，主要以玄奘大師及法尊法師所譯為主。未見先賢譯法者，則依藏文原義及據師長授義譯之。

四、本書之新式標點，為原譯文所無，本譯經院按照教育部標點符號用法，依據文義補之。

五、本書校訂處眾多，礙於篇幅，另表列於《菩提道次第廣論四家合註白話校註集5・奢摩他》（福智文化，2021）及大慈恩譯經基金會網站（https://www.amrtf.org/）而作說明，提供讀者參閱。

六、由於編校人力有限，疏漏乃至錯誤之處，定屬難免，祈諸方大德不吝斧正。

大慈恩・月光國際譯經院　謹識

菩提道次第廣論・奢摩他　科判表

【表一】

子二 別學後二波羅蜜多
- 丑一 修習止觀之勝利……十二
- 丑二 顯示此二攝一切定……十四
- 丑三 止觀自性……十五
- 丑四 須雙修之因相……二二
- 丑五 次第決定之理……二七
- 丑六 各別學法
  - 寅一 學奢摩他法【接表二】……三二
  - 寅二 學毘缽舍那法
  - 寅三 彼二雙運之法

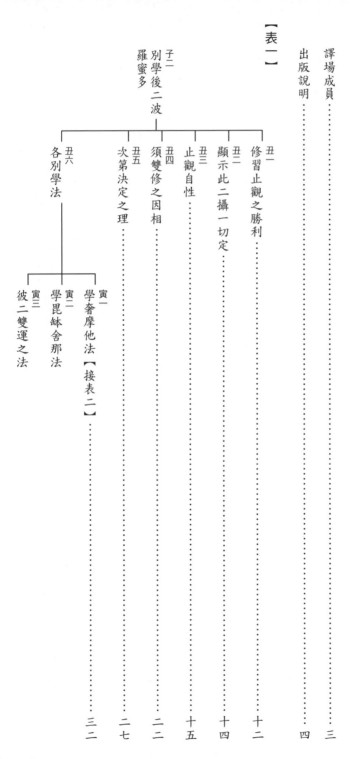

【表二】

- 寅一 學奢摩他法
  - 卯一 修止資糧……三二
  - 卯二 依止資糧修奢摩他之理【接表三】……三四
  - 卯三 修已成就奢摩他量
    - 辰一 顯示奢摩他成與未成之界限
      - 巳一 顯示正義……一〇〇
      - 巳二 有作意相及斷疑……一〇八
    - 辰二 總示依奢摩他趣道軌理……一一七
    - 辰三 別顯往趣世間道軌
      - 巳一 顯往粗靜為相之道先須獲得正奢摩他……一二四
      - 巳二 依奢摩他離欲界欲之理……一二七

【表二】

- 卯二 依止資糧修奢摩他之理
  - 辰一 加行 …… 三四
  - 辰二 正行
    - 巳一 身何威儀而修 …… 三五
    - 巳二 正釋修習之次第
      - 午一 引生無過三摩地法
        - 未一 心注所緣先如何修 …… 三九
        - 未二 注所緣時應如何修
          - 申一 明心住之事—所緣
            - 酉一 總建立所緣
              - 戌一 明正所緣 …… 四一
              - 戌二 顯示何等補特伽羅應緣何境 …… 四七
              - 戌三 顯示所緣異門 …… 五〇
            - 酉二 明此處之所緣 …… 五一
          - 申二 如何心注所緣之理
            - 酉一 立無過規 …… 五八
            - 酉二 破有過規 …… 六三
            - 酉三 示座時量 …… 六八

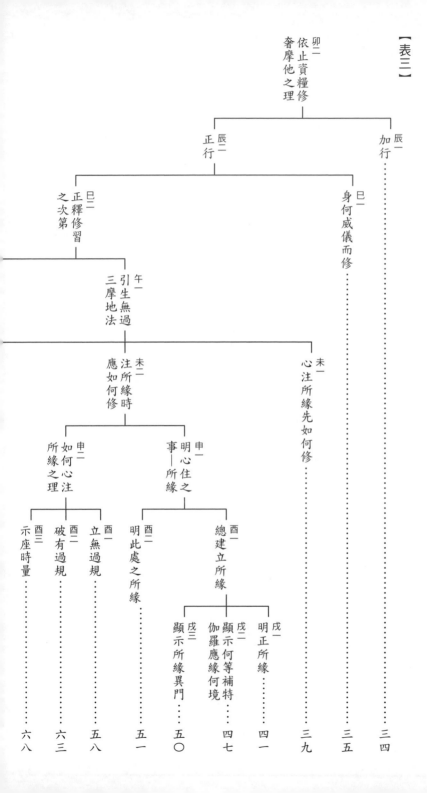

- 未三 注所緣後應如何修
  - 申一 有沈掉時應如何修
    - 酉一 修習對治不知沈掉
      - 戌一 決擇沈掉之相……七〇
      - 戌二 於正修時生覺沈掉正知之方便……七四
    - 酉二 修習對治知已不為斷彼勤加功用
      - 戌一 正明其思，滅沈掉法……七七
      - 戌二 明依何因而生沈掉……八三
  - 申二 離沈掉時應如何修……八五
- 午二 依彼引生住心次第
  - 未一 正明引生住心次第……九〇
  - 未二 由六力成彼之法……九四
  - 未三 彼具四作意之理……九八

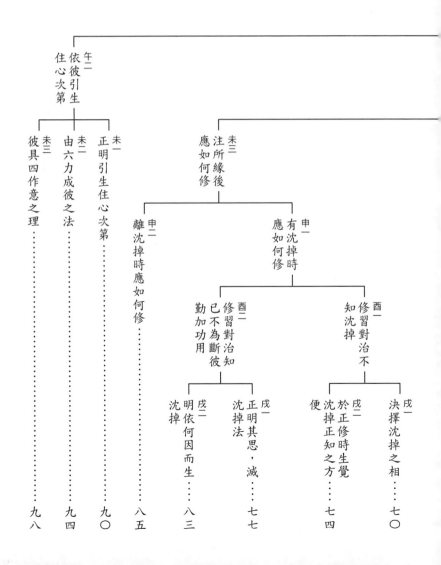

菩提道次第廣論卷十四

敬禮勝尊具大悲者足

第二、別學後二波羅蜜多者，謂修奢摩他、毘缽舍那道理。此二如其次第，即是靜慮及慧波羅蜜多之所攝故。

此中分六：一、修習止觀之勝利；二、顯示此二攝一切定；三、止觀自性；四、須雙修之因相；五、次第決定之理；六、各別學法。

今初：

大小二乘世出世間一切功德，皆止觀之果。如《解深密經》云：「慈氏，若諸聲聞、若諸菩薩、若諸如來所有世間及出世間一切善法，應知皆是此奢摩他、毘鉢舍那所得之果。」若謂止觀，豈非已得修所成者相續功德，今說彼一切功德皆止觀之果，云何應理？答：如下所說真實止觀，實是已得修所成者相續之德，則大小乘一切功德，非盡彼二之果，然於善所緣心一境性以上諸三摩地，悉皆攝為奢摩他品，及凡簡擇如所有性、盡所有性義諸妙善慧，悉皆攝為毘鉢舍那品。故密意說三乘所有一切功德皆止觀之果，無相違過。又於此義，《修信大乘經》亦密意說云：「善男子，由此異門，說諸菩薩盡其所有大乘信解，大乘出生，應知皆是無散亂心正思法、義之所出生。」無散亂心，謂奢摩他品心一境性；正思法、義，謂毘鉢舍那品妙觀察慧。故大小乘一切功德，皆以觀慧思擇而修，及於所緣心一境性二所成辦，非唯止修或唯觀修一分而成。

又《解深密經》云：「眾生由修觀，以及奢摩他，乃從粗重縛，及相縛解脫。」言粗重者，謂心相續中所住習氣，增長顛倒有境堪能；相者，謂於顛倒境前後所生耽著，潤彼習氣。前者為觀所斷，後者為止所斷，是為《般若波羅蜜多教授論》所說。此等是引有止觀名者所有勝利，餘未說止觀名者，凡說靜慮般若勝利，其義同故，應知皆是止觀勝利。

第二者：譬如一樹，雖有無邊枝葉花果，然總攝彼一切之扼要者厥為根本。如是經說大小乘無邊三摩地，然總攝彼一切之宗要，厥為止觀。如《解深密經》云：「如我所說無量聲聞、菩薩、如來有無量種勝三摩地，當知一切皆此所攝。」故欲求定者，不能尋求無邊差別，應善尋求一切等持總綱——止觀二者將護道理，一切時中恆應修學。如《修次下篇》云：「世尊雖說諸菩薩眾無量無數等持差別，然止觀二者能遍一切勝三摩地，故當說彼止觀雙運轉道。」《修次中篇》云：「由此二者能攝一切三摩地故，諸瑜伽師一切時中定應修學止觀。」

第三中，奢摩他自性者，如《解深密經》云：「即於如是善思惟法，獨處空閒，內正安住，作意思惟；復即於此能思惟心，內心相續作意思惟，如是正行多安住故，起身輕安及心輕安，是名奢摩他。如是是為菩薩遍尋奢摩他。」義謂隨所定解十二分教中五蘊等義為所緣境，緣彼之心不向餘散，由念正知於彼所緣相續繫念，故心於境能任運住，若時生起身心輕安所有喜樂，此三摩地即奢摩他。此由內攝其心不散所緣即能生起，不要通達諸法真實。

毘缽舍那自性者，即前經云：「彼由獲得身心輕安為所依故，捨離心相，即於如所善思惟法，內三摩地所行影像，觀察勝解。即於如是勝三摩地所行影像所知義中，能正思擇、最極思擇、周遍尋思、周遍伺察，若忍、若樂、若覺、若見、若觀，是名毘缽舍那。如是是為菩薩善巧毘缽舍那。」此經宣說毘缽舍那是觀察慧，最極明顯無可抵賴。傳說支那堪布見已謗云：「此是經否，不得而知。」用足毀踏。因彼妄計一切分別皆執實相，要棄觀慧全不作意，乃為修習甚深法義，不順此經，故用足毀。現見多有隨此派者。聖無著說：「正思擇者，謂思擇盡所有性；最極思擇，謂思擇如所有性；以有分別慧作意取諸相時，名周遍尋思；真實觀時，名周遍伺察。」尋謂粗思，伺謂細察。取諸相者，非是實執，是分辨境相。由是思擇如所有性、盡所有性，皆有周遍尋思及周遍伺察。

《寶雲經》說義同《深密》，亦明顯云：「奢摩他者，謂心一境性。毘缽舍那者，謂正觀察。」慈尊於《莊嚴經論》亦云：

「應知諸法名，總集為止道，應知妙觀道，思擇諸法義。」又云：「正住為所依，心安住於心，及善擇法故，是寂止勝觀。」依正定住心說名為止，善擇法慧說名為觀。前經密意作是解已，令更不能別解經義。《菩薩地》亦云：「於離言說唯事唯義所緣境中繫心令住，離諸戲論，離心擾亂想作意故，於諸所緣而作勝解，於諸定相令心內住、安住，廣說乃至一趣等持，是名奢摩他。云何毘缽舍那？由奢摩他熏修作意，即於如先所思惟法，作意其相，如理簡擇、最極簡擇、極簡擇法，廣說乃至覺明慧行，是名毘缽舍那。」此與前說極相隨順。此文如前雙解經意及慈尊意，能於前文所明止觀堅固定解。《修次中篇》亦云：「外境散亂既止息已，於內所緣，恆常相續任運而轉，安住歡喜輕安之心，是名奢摩他。即由安住奢摩他時，但唯於彼思擇之者，是名毘缽舍那。」

《般若波羅蜜多教授論》亦云：「盡所有性、如所有性無分別影像者，是止所緣。盡所有性、如所有性有分別影像者，是觀所緣。」此說於如所有性、盡所有性之義，不分別住，名奢摩他；思擇二境，名毘缽舍那。以此亦即《深密》密意，如云：「世尊，幾是奢摩他所緣？告曰：一種，謂無分別影像。幾是毘缽舍那所緣？告曰：一種，謂有分別影像。幾是俱所緣？告曰：有二，謂事邊際、所作成辦。」《集論》於事邊際，開說如所有性及盡所有性之二。由是如前寂靜論師所說，止觀皆有緣取如所有性、盡所有性二者。是故止觀非就所緣境相而分，既有通達空性之止，亦有不達空性之觀。若能止心於外境轉，住內所緣故名寂止，增上觀照故名勝觀。

有說內心無分別住，無有明了之明分力，說名為止；有明分力，說名為觀。此不應理，以與佛經及慈尊、無著之論，並《修次第》等諸廣決擇止觀相者，說於所緣心一境性勝三摩地名奢摩他，於所知義正簡擇慧名毘缽舍那皆相違故。特於無分別心有無明了之明分力者，是因三摩地有無沈沒之差別，以此為止觀之差別，極不應理，以一切奢摩他定皆須離沈，凡離沈沒三摩地中，心皆定有明淨分故。

故緣如所有性之定、慧，是就內心證與未證二無我境隨一而定，非就其心住與不住明了、安樂、無分別相而為判別，以心未趣向無我真實者，亦有無量明、樂、無分別三摩地故。現前可證，雖未獲得實性見解，但可執心令無分別，故未解空性，生無分別定，無少相違。若能由此久攝其心，以攝心力生堪能風，彼生起時，身心法爾能生喜樂，故生安樂亦不相違。喜樂生已，即由喜樂受相明了力，能令心起明分。故說一切明了、安樂、無分別定，皆證真性，全無確證。故證空性妙三摩地，雖有明、樂、無所分別，諸未趣向空性之定，亦有極多明了、安樂及無分別，故應善辨二定差別。

第四、須雙修止觀之因相：修止觀一種，何非完足，必雙修耶？答：譬如夜間，為觀壁畫而燃燈燭，若燈明亮無風擾動，乃能明見諸像；若燈不明，或燈雖明而有風動，是則不能明見諸色。如是為觀甚深義故，若具無倒定解真義妙慧，及心於所緣如欲安住而無擾動，乃能明見真實。若僅具有住心不散無分別定，然無通達實性妙慧，是離能見實性之眼，於三摩地任何薰修，然終不能證真實性。若雖有見能悟無我真實性義，然無正定令心專一堅固安住，則無自在為動搖分別風所攪擾，遂終不能明見實義，是故雙須止觀二者。如《修次中篇》云：「唯觀離止如風中燭，瑜伽師心於境散亂不能堅住，以是不生明了智光，故當同等習近二者。由此《大般涅槃經》亦云：『聲聞不見如來種性，以定力強故，慧力劣故。菩薩雖見而不明顯，慧力強故，定力劣故。唯有如來遍見一切，止觀等故。』由止力故如無風燭，諸分別風不能動心；由觀力故，永斷一切諸惡見網，不為他破。《月燈經》云：『由止力無動，由觀故如山。』」心無散亂，自然安住所緣，是修止迹；由證無我之真實性，斷我見等一切惡見，敵不能動，猶如山嶽，是修觀迹。故於此二應各分別。

又於未成奢摩他前，雖以觀慧觀無我義，心極動搖如風中燭，無我義總亦不明顯。若成止後而善觀察，則已滅除極動過失，方能明了無我義總。故毘鉢舍那心不動分，是從無分別奢摩他生，達實義分非從止生。譬如燈能照色之分，是從前炷及火而生，非從遮風帳幔等起，燈火不動堅固之分，則從帳幔等生。若慧具足心無沈掉不平等相奢摩他之等引，以彼觀之，當知真實之義。故《正攝法經》密意說云：「由心住定，乃能如實了知真實。」《修次初篇》云：「心動如水，無止為依，不能安住；非等引心，不能如實了知真義。故世尊亦說：『由心住定，乃能如實了知真實。』」又若成就奢摩他，非僅能遮正觀無我性慧動搖過失，即修無常、業果、生死過患、慈悲、菩提心等，凡此一切妙觀察慧所觀察修，於所緣境散亂過失，亦皆能遣。各於所緣無散亂故，所修眾善力皆極大；未得止前多是散於其餘所緣，故所修善皆悉微劣。如《入行論》云：「諸人心散亂，住煩惱齒中。」又云：「雖經長時修念誦苦行等，心散亂所作，佛說無義利。」

如是成就無分別住等持，心於所緣不餘散者，義為令心於善所緣，成就堪能任欲遣使。此復繫心於一所緣即能安住，欲令起時，亦於無邊善所緣境如欲而轉，如濬溝渠引諸流水。故成止後，更須將護所緣行相，謂緣如所有及盡所有境智慧、施心、戒心、忍辱、精進、淨信及厭離等，諸能攝無邊善、滅無邊失者，若唯安住一所緣境者，是未了知修止之義，應知不能令於善行起大功效。如是若捨行品、觀品妙觀察慧所觀察修，唯修三摩地心一境性，其利極小。

尤於無我義，若無引生恆常猛利定解方便，謂以觀慧觀擇將護，如是緣如所有性毘缽舍那，縱久修習正奢摩他，僅容壓伏現行煩惱，終不能斷煩惱種子。故非唯修止，亦定應修觀。如《修次中篇》云：「諸瑜伽師若唯修止，唯能暫伏煩惱，不能斷障，以未發生智慧光明，則定不能壞隨眠故。《解深密經》云：『由靜慮故，降伏煩惱；由般若故，善摧隨眠。』《三摩地王經》亦云：『雖善修正定，不能破我想，後為煩惱亂，如勝行修定。若觀法無我，觀已善修習，是證涅槃因，非餘能寂滅。』《菩薩藏經》亦云：『若未聞此菩薩藏法門，亦未聽聞聖法毘奈耶，唯三摩地而得喜足，為我慢轉墮增上慢，不能解脫生、老、病、死、愁、嘆、苦、憂及諸衰惱，不能解脫六道輪迴，亦復不能解脫苦蘊。如來於此密意說云：「從他聽聞隨順，解脫老死。」』故欲斷諸障發淨智者，應依奢摩他而修妙慧。《寶積經》亦云：『住戒能得定，得定能修慧，由慧得淨智，智淨戒圓滿。』《修信大乘經》亦云：『善男子，若諸菩薩不住於慧，我不說彼能信大乘，能生大乘。』」

第五、次第決定之理者：如《入行論》云：「當知具止觀，能摧諸煩惱，故應先求止。」謂先修止，次依止故，乃修妙觀。

若作是念：「《修次初篇》云：『此之所緣無定。』此說止緣無有決定。前文亦說，止所緣中俱有有法、法性。故先了解無我深義，緣彼而修，則心無散亂之止及緣空性之觀即可俱起，何必先求奢摩他已，次乃修觀耶？」答：此說止為勝觀前行之理者，非說引生證無我正見之領解，須先修止，雖無止者，亦能生正見故。又此正見內生轉心覺受，亦不須以止為先，以無止者，僅以觀慧數數思擇串習，亦能轉心，無所違故；以若相違，則修無常、生死過患、菩提心等，引生轉心覺受，皆須依止，太為過失，理相等故。

若爾，觀須寂止，道理為何？於此《解深密經》說：「若以觀慧而修思擇、最極思擇，乃至未起身心輕安，爾時但是毘鉢舍那隨順作意，生輕安已乃名妙觀。」故若未得止，縱以觀慧任作何許觀修，終不能發身心輕安所有喜樂。若得止已，後以觀慧思擇而修，輕安乃生，故觀須止為因，下當廣說。

是故觀慧不住一境，即以思擇之力，若能引發輕安之時，乃是成辦毘鉢舍那。雖緣空性為境，若但由其住一所緣，引生輕安，仍未能出修止之法，僅此不立即得毘鉢舍那。以初未得寂止，先求了解無我之義，次緣此義數數思擇，由此思擇終不得止。若不思擇安住而修，由此為依雖可得止，然除修止之法，而無修觀之法，更須求觀。故仍未出先求止已，依此而修勝觀次第。

若不以別別觀察之觀修引發輕安，作為發觀之理，則先求止，次乃依之修觀，全無正理。若不如是次第而修，亦極非理，以如前引《解深密經》，說要依獲得奢摩他乃修毘鉢舍那。又「依前而生後」，說六度中靜慮與般若之次第，及依增上定學而生增上慧學之次第，皆先修止而後修觀次第。又如前引《菩薩地》文，《聲聞地》亦說，當依奢摩他而修毘鉢舍那。《中觀心論》及《入行論》、《修次》三篇、智稱論師、寂靜論師等，皆說先求奢摩他已，後修勝觀。故印度少數論師，有說無須別求正奢摩他，最初即以觀慧思擇，亦能引生毘鉢舍那者，違諸大車所造論典，非諸智者可憑信處。

又此止觀次第，是就最初新生之時應如是修，後亦可先修毘鉢舍那，次修奢摩他，故無決定次第。若爾，何故《集論》說「有先得勝觀而未得止，彼應依觀而勤修止」耶？答：此非說未得第一靜慮近分定所攝之止，是說未得第一靜慮根本定以上之止。此復是說現證四諦已，次依此觀，而修第一靜慮以上之止。《本地分》云：「又已如實善知從苦至道，然未能得初靜慮等，彼便宴坐，無間住心，更不擇法，是依增上慧而修增上心。」又為便於立言說故，於九住心通說為止，思擇等四通說名觀。然真實止觀如下所說，要生輕安乃可安立。

第六、各別學法，分三：一、學奢摩他法；二、學毘鉢舍那法；三、彼二雙運之法。初又分三：一、修止資糧；二、依止資糧修奢摩他之理；三、修已成就奢摩他量。今初：

諸瑜伽師當依速易成止之因——寂止資糧。其中有六：一、住隨順處，謂住具五德處：易於獲得，謂無大劬勞得衣食等；處所賢善，謂無猛獸等兇惡眾生，及無怨等之所居住；地土賢善，謂非引生疾病之地；伴友賢善，謂具良友戒見相同；具善妙相，謂日無多人，夜靜聲寂。如《莊嚴經論》亦云：「具慧修行處，善得賢善處，善地及善友，瑜伽安樂具。」二、少欲，無增上貪眾多上妙法衣等事。三、知足，但得微劣法衣等物，常能知足。

四、斷諸雜務，皆當斷除行貿易等諸惡事業，或太親近在家、出家，或行醫藥、算星相等。五、清淨尸羅，於別解脫及菩薩律，皆不應犯性罪、遮罪，破壞學處；設放逸犯，速生追悔，如法還淨。六、斷除欲等諸惡尋思，謂於諸欲，當修殺、縛等現法過患，及墮惡趣等當來過患。又生死中愛、非愛事，皆是無常可破壞法，此定不久與我分離，何為於彼而起增上貪等？應如是修，斷除一切諸欲尋思。此如《修次中篇》之意而說，於《聲聞地》應當廣知。

如是六法能攝妙定未生新生、生已不退安住、增長因緣宗要，尤以清淨尸羅、觀欲過患、住相順處為其主要。善知識敦巴云：「我等唯覺是教授過，專求教授。然定不生，是未安住資糧所致。」言資糧者，即前六等。

又前四度，即是第五靜慮資糧，《修次初篇》云：「若能不著利等諸欲，善住尸羅，性忍眾苦，勤發精進，速能引發正奢摩他。故《解深密經》等，亦說施等為後後因。」《道炬論》亦云：「失壞止支分，雖勵力修習，縱經多千年，不能成正定。」故真欲修止觀定者，應勵力集《聲聞地》中正奢摩他十三支分或資糧等，極為主要。

第二、依止資糧修奢摩他之理，分二：一、加行；二、正行。今初：

修如前說加行六法，尤應久修大菩提心。又應淨修共中、下士所緣自體，為菩提心之支分。

第二、正行，分二：一、身何威儀而修；二、正釋修習之次第。

今初：

如《修次中篇》、《下篇》所說，於極柔軟安樂坐墊具身威儀八法。其中足者，謂全跏趺，如毘盧遮那佛坐，或半跏趺，應如是行。眼者，謂不應太開，亦非太閉，垂注鼻端。身者，謂非過後仰，亦莫太前屈，內住正念端身而坐。肩者，謂平齊而住。頭者，莫揚莫低，莫歪一方，自鼻至臍正直而住。齒與唇者，隨自然住。舌者，令抵上齒。息者，內外出入莫令有聲、粗猛、急滑，必使出入無所知覺，全無功用徐徐而轉，應如是行。《聲聞地》說於佛所許或床、或座、或草敷上，結跏趺坐，有五因相：一、善斂其身速發輕安，由此威儀順生輕安故。二、由此宴坐能經久時，以此威儀不極令身疾疲倦故。三、由此威儀不共外道及異論故。四、由此威儀宴坐令他見已極信敬故。五、由此威儀，佛、佛弟子共所開許、共依止故。正觀如是五因相故，說應結跏趺坐。端正身者，是說為令不生昏沈、睡眠。如是先應令身具八威儀，尤於調息如說善修。

第二、**正釋修習之次第者**：諸《道次第》多依《辨中邊論》所說，由八斷行斷五過失，修奢摩他。善知識拉梭瓦所傳之教授，謂於彼上須加《聲聞地》所說六力、四種作意及九住心而修。德稱大師於自《道次第》云：「四作意中攝九種住心方便，及六過失、八對治行，是為一切正定方便，眾多契經及《莊嚴經論》、《辨中邊論》、無著菩薩《瑜伽師地論》、《中觀修次》三篇等，開示修靜慮之方便中一切皆同。若能先住正定資糧，以此方便勵力修習，決定能得妙三摩地。近世傳說修靜慮之甚深教授中，全不見此方便之名。若不具足正定資糧及無此方便，雖長時修，不說能成等持。」現見此語是於諸大教典修定方法，得清淨解。

又總三乘修道次第引導之理，無著菩薩於《瑜伽師地論》中極廣決擇，故彼為最廣開示修行之論。又於一論廣說之事，餘則從略。止觀二法，《攝決擇》說於《聲聞地》應當了知，故《聲聞地》最為廣者。慈尊亦於《莊嚴經論》、《辨中邊論》說九種住心方便及八斷行，獅子賢論師、嘎瑪拉希拉論師、寂靜論師等印度智者隨前諸論，亦多著有修定次第。又除緣本尊身、空點、咒字等所緣不同外，其定大體，前諸大論與咒所說極相隨順，現見尤於定五過失及除過方便等，經反極詳。然見能知依彼大論修者，幾同晝星。將自心垢責為論過，謂彼唯能開闢外解，妄執別有開示心要義理教授，現見於彼所說修定次第，正修定時竟為何似，全無疑惑。今此教授，一切修行前後唯取大論所出，以之為重，故於此處修定方法，亦取大論而為宣說。

此又分二：一、引生無過三摩地法；二、依彼引生住心次第。初又分三：一、心注所緣先如何修；二、注所緣時應如何修；三、注所緣後應如何修。今初：

若不能滅不樂修定，樂定障品所有懈怠，初即於定不令趣入；縱一獲得，亦不能相續，速當退失。故滅懈怠為初切要。若能獲得喜樂增廣身心輕安，晝夜行善能無疲厭，懈怠盡除。為生輕安，須於能生輕安之因妙三摩地，恆發精進。為生精進，須於正定具足恆常猛利希欲。欲樂之因，須由觀見正定功德引動心意堅固信心，故應先思正定功德，數修信心。此等次第，修而觀之極顯決定，故應認為最勝宗要。《辨中邊論》云：「即所依能依，及所因能果。」所依謂欲，勤所依故；能依謂勤，或名精進。欲因謂信，深忍功德；勤果謂輕安。

此中所修正定功德，謂由獲得奢摩他已，現法樂住，由增心喜、身安樂故。及由獲得身心輕安，於善所緣心如欲轉。又由息滅於顛倒境散亂無主，則諸惡行皆不得生，隨所修善皆有強力。又止為依，能引神通、變化等德。尤由依止，能生通達如所有性毘缽舍那證德，速疾能斷生死根本。凡思惟已，能於修定增勇悍者，是諸功德皆應了知而修。若生勇悍，恆常策勵向內修定，極易獲得勝三摩地，得已亦能數數趣修，故難退失。

第二、注所緣時應如何修，分二：一、明心住之事——所緣；二、如何心注所緣之理。初又分二：一、總建立所緣；二、明此處之所緣。初又分三：一、明正所緣；二、顯示何等補特伽羅應緣何境；三、顯示所緣異門。今初：

如世尊言，修瑜伽師有四所緣，謂周遍所緣、淨行所緣、善巧所緣、淨惑所緣。周遍所緣復有四種，謂有分別影像、無分別影像、事邊際性、所作成辦。就能緣心立二影像，初是毘缽舍那所緣，二是奢摩他所緣。言影像者，謂非實所緣自相，唯是內心所現彼相。由緣彼相正思擇時，有思擇分別故，名有分別影像。若心緣彼不思擇而住心時，無思擇分別故，名無分別影像。又此影像為何所緣之影像耶？謂是五種淨行所緣、五種善巧所緣、二種淨惑所緣之影像或行相。就所緣境立事邊際，此有二種，如云「唯爾更無餘事」，是盡所有事邊際性；如云「實爾非住餘性」，是如所有事邊際性。其盡所有性者，謂如於五蘊攝諸有為，於十八界及十二處攝一切法，四諦盡攝所應知事，過此無餘。如所有性者，謂彼所緣實性、真如理所成義。就果安立所作成辦，謂於如是所緣影像，由奢摩他、毘缽舍那緣彼作意，若修若習若多修習，由是之力遠離各自粗重而得轉依。

淨行所緣者，由此所緣能淨貪等增上現行，略有五種，謂不淨、慈心、緣起、界別、阿那波那。緣不淨者，謂緣毛、髮等三十六物，名內不淨，及青瘀等，名外不淨；是於內心所現不淨非可愛相，任持其心。慈謂普緣親怨中三，等引地攝欲與利益安樂意樂。即由慈心行相，於彼所緣任持其心，名曰緣慈，是於心境俱說為慈。緣緣起者，謂唯依三世緣起之法，生唯法果，除彼等外更無實作業者、實受果者，即緣是義任持其心。緣界差別者，謂各別分析地、水、火、風、空、識六界，即緣此界任持其心。緣阿那波那者，謂於出入息，由數、觀門令心不散餘處而緣。

善巧所緣亦有五種，謂善巧蘊、界、處、緣起及處非處。其中蘊謂色等五蘊，蘊善巧者，謂能了知除蘊更無我及我所。界謂眼等十八界，界善巧者，謂知諸界從自種生，即知因緣。處謂眼等十二處，處善巧者，謂知內六處為六識增上緣，知外六處為所緣緣，知無間滅意為無間緣。緣起謂十二有支，緣起善巧者，謂知緣起是無常性、苦性、無我性。處非處者，謂從善生可愛異熟是名為處，從不善生可愛異熟是非處等；處非處善巧者，即如是知。此即善巧緣起別相，其中差別，由此能知各別之因。又以此等作奢摩他所緣之時，謂於蘊等所決定執取相，任持其心一門而轉。

又淨惑者，謂唯壓伏煩惱種子及永斷種。初所緣者，謂觀欲地乃至無所有處下地粗相、上地靜相。第二所緣，謂四諦中無常等十六行相。又以此等作奢摩他所緣之時，謂於所現諸境行相，隨心決定任持其心不多觀察。

《修次中篇》說三種所緣，謂「十二分教一切皆是隨順、趣向、臨入真如」，總攝一切安住其心；或緣總攝諸法蘊等；或於見、聞諸佛聖像安住其心。其於蘊等住心之法，謂先了知一切有為五蘊所攝之理，次於五蘊漸攝有為，即緣五蘊任持其心。譬如別別簡擇而串習之，能生妙觀察慧；如是攝略而修，亦引生勝三摩地，攝心所緣而不流散。此即對法論之教授。如是亦應了知界、處攝一切法之理，漸攝於彼任持其心。

此中，淨行所緣如所宣說，易除貪等上品行者之貪等，依此易得勝三摩地，故是殊勝所緣。善巧所緣，能破離彼諸法之補特伽羅我，隨順引生通達無我毘鉢舍那，故是極善奢摩他所緣。淨惑所緣，能總對治一切煩惱，故義極大。遍滿所緣，離前所緣非更別有。故當依具足殊勝所為之奢摩他所緣修三摩地，或以塊石草木等為所緣依處而修定者，自顯未達妙三摩地所緣建立。

又有說於注所緣處持心，皆是著相，遂以不繫所緣境，無依而住，謂修空性。是全未解修空道理之現相，當知爾時若全無知，則亦無修空之定；若有知者，則須承許所知，由知該事乃立為知。有所知故，即彼心之所緣，以境與所緣、所知是一義故。是則應許彼三摩地亦是著相，是故彼說不應正理。又是否修空，須觀是否安住通達實性之見而修，非關於境有無分別，下當廣說。又說安住無所緣境者，彼必先念：「我當持心，必令於境全不流散。」次持其心。是則定須緣於唯心所緣，持心全不流散為相，言無所緣便與自心體驗相違。故明修定諸大教典，說多種所緣，義如前說，故於住心所緣依處，應當善巧。又《修次論》說奢摩他所緣無定，《道炬論》說「於隨一所緣」者，義謂不須定拘一種所緣差別，非說凡事皆作所緣。

二、顯示何等補特伽羅應緣何境者：若貪增上，乃至尋思增上補特伽羅，如《聲聞地》引《頡隸伐多問經》云：「頡隸伐多，若有比丘勤修觀行，是瑜伽師若唯有貪行，應於不淨緣安住其心；若唯有瞋行，應於慈愍；若唯癡行，應於緣性緣起；若唯有慢行，應於界差別安住其心。」又云：「若唯有尋思行，應於阿那阿波那念安住其心，如是名為於相稱緣安住其心。」《聲聞地》亦云：「此中若是貪、瞋、癡、慢及尋思行補特伽羅，彼於最初唯應先修淨行所緣而淨諸行，其後乃能證得住心。又彼所緣唯是各別決定，是故彼等定應以彼所緣勤修。」故定勤修彼等所緣。若是等分或是薄塵補特伽羅，於前所緣隨樂持心即可，無須決定。《聲聞地》云：「等分行者，隨其所樂精勤修習，唯為少分住心，非為淨行。如等分行者，薄塵行者當知亦爾。」貪等五增上者，謂先餘生中於貪等五，已修、已習、已多修習，故於下品貪等五境，亦生猛利長時貪等。等分行者，謂先餘生中於貪等五，不修、不習、不多修習，然於彼法未見過患、未能厭壞，故於彼境無有猛利長時貪等，然貪等五非全不生。薄塵行者，謂先餘生中於貪等五，不修習等、見過患等，故於眾多、美妙、上品貪欲境等貪等徐起，於中下境全不生起。又增上貪等經極長時，等分行者非極長時，薄塵行者速證心住。

善巧所緣為何補特伽羅之所勤修，亦如《頡隸伐多問經》云：「頡隸伐多，若有比丘勤修觀行，是瑜伽師若愚一切諸行自相，或愚我、有情、命者、生者、能養育者、補特伽羅事，應於蘊善巧安住其心。若愚其因，應於界善巧。若愚其緣，應於處善巧。若愚無常、苦、空、無我，應於緣起、處非處善巧安住其心。」此五所緣正滅愚癡。

淨惑所緣為何補特伽羅安住其心，亦如前經云：「若樂離欲界欲，應於諸欲粗性、諸色靜性；若樂離色界欲，應於諸色粗性、無色靜性安住其心。若樂厭患及樂解脫遍一切處薩迦耶事，應於苦諦、集諦、滅諦、道諦安住其心。」此諸所緣，通於毘缽舍那思擇修習，及奢摩他安住修習二種所緣，非唯奢摩他之所緣，然因有者可為新修奢摩他之所緣，有是奢摩他生已勝進所緣，故於修止所緣中說。

三、顯示所緣異門：定所緣處、持心之事，即前所說心中所現所緣之影像或行相。其名異門，如《聲聞地》云：「即此影像亦名『影像』，亦名『三摩地相』，亦名『三摩地所行境界』，亦名『三摩地方便』，亦名『三摩地門』，亦名『作意處』，亦名『內分別體』，亦名『光影』。如是等類，當知名為所知事同分影像諸名差別。」

二、明此處所緣者：如作是念：若爾，已說如是多種所緣，今於此中當依何等所緣而修止耶？答：如前經說，無有限定，須各別緣，以補特伽羅有差別故。尤其定當修成最下奢摩他者，若是上品貪行者等，須依決定所緣。若不爾者，縱或能得奢摩他隨順三摩地，然不能得實奢摩他。以雖修淨行所緣，然未經久，尚說不得正奢摩他，況全棄捨淨行所緣弗能成故。尤其多尋思者定應修息。若是等分補特伽羅，或是薄塵補特伽羅，於如前說諸所緣中，隨意所樂作所緣處。

又《修次第》中下二篇，依於《現在諸佛現住三摩地經》及《三摩地王經》，說緣佛像修三摩地。覺賢論師亦說多種，如云：「止略有二，謂向內緣得及向外緣得。其中內緣亦有二種，謂緣全身及依身法。緣身又三，謂即緣身為天形像、緣骨鎖等不淨行相、緣骨杖等殊勝標幟。緣依身法又有五種，謂緣息、緣細相、緣空點、緣光支、緣喜樂。向外緣者亦有二種，謂殊勝、平庸。殊勝又二，謂緣身、語。」《道炬論釋》亦引此文。

其緣佛身攝持心者，是隨念佛，故能引生無邊福德；若佛身相明顯、堅固，則可緣作禮拜、供養、發願等積集資糧之田，及悔除、防護等淨障之田，極為殊勝；又如前引《三摩地王經》說，臨命終時隨念諸佛不退失等功德；若修咒道，於本尊瑜伽尤為殊勝，現見有如是等眾多所為。又此勝利及思佛之法，廣於《現在諸佛現住三摩地經》詳明，故如《修次下篇》所說，定應從彼了知。因恐文繁，茲不俱錄。故求所緣依處既能成就勝三摩地，餘勝所為兼能獲得，如是乃為方便善巧。

當以何等如來之像為所緣依處耶？答：如《修次下篇》云：「諸瑜伽師，先當如自所見、所聞如來形像安住其心，修奢摩他。由常作意如來身像黃如純金色，相好莊嚴，處眾會中，種種方便利益有情。故於佛德發生希欲，息滅沈沒、掉舉等失，乃至明見如住面前，應於爾時勤修靜慮。」《三摩地王經》亦云：「由如金色身，妙嚴世間怙，心趣此所緣，名菩薩等引。」如此所說而為所緣依處。此復有二，謂由覺新起及於原有令重光顯，後於生信尤勝，又順共乘，故於原有令相明顯。

先求持心所緣處時，先當求一畫像或鑄像等極其善妙大師之像，數數觀視執取其相，現為心境而令熟習；或由尊長善為曉喻，思所聞義，令現意中，求為所緣依處。又所緣處非是現為畫鑄等相，要學現為真佛形相。有說置像於前瞠視而修，智軍論師破之甚善，以三摩地非於根識而修，要於意識而修。故三摩地親所緣境，即是意識直接境，須於意境攝持心故；及如前說，謂須緣於所現實所緣境義共相或影像故。

身分亦有粗細二分，於餘處說，須先緣取粗分，待彼堅固次緣細分，且體驗中，亦極易現粗分，故應先從粗像為所緣處。尤為要者，謂如下說乃至未得如欲定時，一切種中不可多遷異類所緣修三摩地。以若更換眾多異類所緣修三摩地，反成修止重大障礙。故於修定堪資定量之《瑜伽師地論》及三篇《修次》等，皆就初修定時唯依一所緣而說修習，未說遷變眾多所緣。聖勇論師於修靜慮時亦明顯云：「專固一所緣，堅穩其意志，若轉多所緣，意為煩惱擾。」《道炬論》亦云：「隨於一所緣，令意住善境。」是以「於一」之指定詞而說。故先應緣一所緣境，待得止已後乃緣多。《修次初篇》云：「若時已能攝其作意，爾時乃能廣緣蘊、界等差別。如《解深密》等，亦由瑜伽師緣十八空等差別，說多所緣之相。」

如是初得持心所緣依處之量，謂先數返次第明了攀緣一頭、二臂，身體餘分及二足相。於末作意身總體時，心中若能現起半分粗大支分，縱無明晰具光明等亦當即以爾許為足，於彼持心。此中因相，若不以此為足而持其心，更求顯了數令明現，所緣雖可略為顯了，然非僅不得心安住分之三摩地，且障得定；又若所緣雖不明顯，然於半分所緣持心，亦能速得妙三摩地，其後明顯既轉增進，則易成就明了分故。此出智軍論師教授，現見極為重要。所緣依處現顯之理，雖見二種四句之說，然因補特伽羅種性，而現行相有難有易，即已現中有明不明，此二復有堅不堅固，見有種種故無決定。

若修密咒天瑜伽時，天尊行相定須明顯，乃至未能明顯之時，須修多種明顯方便；此中天尊行相若極難現，可於前說隨一所緣而持其心，主要所為唯在成就寂止定故。此若仍緣天身而修，相既不現然又持心，不能成辦所樂之義，故須行相現而持心。又隨所現持身總相，若身一分極其明現即持彼分，若彼轉晦仍持總相。若時欲修為黃而現為紅，顯色不定；或欲修坐而現為立，形色不定；或欲修一而現為二，數量不定；或欲修大而現極小，大小不定，則全不可隨逐彼等，唯應於前根本所緣為所緣依處。

第二、於彼所緣如何注心之理，分三：一、立無過規；二、破有過規；三、示座時量。今初：

此中所修妙三摩地具二殊勝，一、令心極明具明分力，二、專住所緣無有分別具安住分。有於此上加樂為三，餘有加澄共為四者。然澄淨者初殊勝攝，不須別說；具適悅相喜樂之受，是此所修定果，然非初靜慮近分攝定相應中所能生起；說為成辦三乘功德最勝依處第四靜慮三摩地中，皆無身樂心樂相應而起，故此不說。有力明分，無色地攝少數定中雖無，然如《莊嚴經論》云：「靜慮除無色。」此謂除少獲得自在菩薩，餘諸菩薩皆依靜慮地攝正定引發功德，故說明顯殊勝無有過失。沈沒能障如是明分力生，掉舉能障一境無所分別，沈掉二法為修淨定障中上首，亦即此理。故若不善識別粗細沈掉，及雖識已，不知淨修勝三摩地破彼二軌，況云勝觀，即奢摩他亦不容生，故智者求三摩地，於此道理應當善巧。此中沈掉乃是修止違緣，辨識違緣及正破之法皆於下說，故此當說修止順緣引生三摩地之理。

此中三摩地者，謂心專住所緣之分，復須於所緣相續而住。此須二種，一於根本所緣令心不散方便，及於已散未散、將散不散如實了知。初即正念，次是正知。如《莊嚴經論釋》云：「念與正知是為能注，一於所緣令心不散，二心散已能正了知。」若失正念忘緣而散，於此無間棄失所緣，故不忘所緣之念為本。由此正念心注所緣之理，謂如前說明觀所緣依處，若時現一最下行相，當發內心堅持於彼之有力執取相，令心策舉，即此而住莫新思擇。

念如《集論》云：「云何為念？於串習事令心不忘，不散為業。」此說具足三種差別。其中所緣境之差別，先未習境，念則不生，故說「於串習事」，此中即令現起先所決定所緣依處之相。行相或執取相之差別者，謂「心不忘」，即心不忘其境之分，此中謂不忘所緣依處。不忘之理者，非因他問或自思察，僅能記憶師所教示「所緣依處如此」，是須令心繫於所緣，相續明記無少散動，散亂方生其念便失。故心如前既住所緣依處，復起是念「如是已繫所緣」，次不更起重新觀察，相續將護此心勢力令不斷絕，是依念理殊勝宗要。作業差別者，謂從所緣心不餘散。如是心繫所緣而調伏者，以調象喻諭之：譬如於一堅牢樹柱，以多堅索繫其狂象。次調象師令如教行，若行者善；若不行者，即以利鉤數數治罰而令調伏。如是心如未調之象，亦以念索縛於前說所緣堅柱；若不住者，以正知鉤治罰調伏漸自在轉。如《中觀心論》云：「意象不正行，當以正念索，縛所緣堅柱，慧鉤漸調伏。」《修次中篇》亦云：「用念知索，於所緣樹，繫意狂象。」前論說正知如鉤，後論說如索亦不相違，正能相續繫心所緣者，是為正念，正知間接亦能令心注於所緣。謂由正知了知或正沈掉或將沈掉，依此能不隨沈掉轉，令住根本所緣事故；又如前引，世親菩薩亦說念知俱能注所緣故。

又說依念生定及說記念如索，直令其心相續繫於所緣。故能引定主要修法，即是修念之法。正念亦具定解為相之執取相，故修定時若無堅牢決定之執取相，唯憨然而住，心縱得澄淨明分，然其明分不發決定之力，有力之念定不得生，由是亦未能破微細之沈，故三摩地唯有過失。又不住餘像等所緣依處，唯修無分別心者，亦須憶念教授，謂「令心任於何境全不分別而住」，次則於心不流散者，不令散逸。不散逸者，義同正念不忘所緣，故仍未出修念之規。如彼修者，亦須依止發決定力之念。

第二、破有過規：有此邪執是所應破，謂如前說善舉策心無分別住，是時雖無少許沈沒之過，然由掉舉增上，現見不能相續住分；低其舉心復緩善策，則見住分速能生起。遂謂此方便是大教授，得定解已，見其高聲唱言：「善緩即是善修。」此是未辨生沈及修二者之論，以無過定，須具前說二種差別，唯有心無分別堅固住分未為完足。若謂此有矇昧令心渾濁，可名為沈，然今無彼，心有澄淨明分，故三摩地全無過失。現見此乃未辨昏、沈二法之言，是等下當廣說。故若太策舉心令有力時雖有明分，由掉增上住分難生；若太緩慢而修，雖有住分，由沈增上故明無力。其不墮入太急太緩，緩急適中界限極其難得，故難生起俱離沈掉妙三摩地。大德月依此密意說云：「若精勤修生掉舉，若捨精勤復退沒，此理等轉極難得，我心擾亂云何修？」義指「精勤修者，謂太策勵，策則生掉；若捨策勵太緩慢者，心住其內復起退沒。由見此故，俱離沈掉等分安住之心，如理平等而轉實屬難得」。如是佛靜《釋》亦云：「言精勤者，此中謂於善品發起勇悍，策勵而轉。」又云：「由見掉過捨其精勤，棄其功用心於內沈。」《悔讚》又云：「若勵力轉起掉舉，若勵緩息生退沒，修此中道亦難得，我心擾亂云何修？」其《釋》亦明顯云：「由極勵力，勤策運轉起功用時，便生掉散摧壞其心，從功用中心不得住。若如是行即是過失，為遮此故，緩息勵力運轉之心，棄捨功用，則由忘所緣境等過，令心內縮，生起沈沒。」故說「遠離沈掉二邊修此中道，合理平等運轉妙三摩地極屬難得」，若善緩即可則無難故；又說從緩發生沈沒，故以此理修三摩地，顯然非理。

又極緩心僅澄明分猶非滿足，猶須執取相策勵分，如無著菩薩云：「於內住、等住中，有力勵運轉作意。」此於九種住心方便初二心時，作如是說。《修次初篇》亦云：「除沈沒者，當堅持所緣。」《修次中篇》復云：「次息沈沒，必須令心極其明見所緣，當如是行。」言「心明見」故，非說唯是境界明顯，是說心執取相極顯極堅。修念之規此極切要，未能知此盲修之相，謂修愈久忘念愈重，擇法之慧日返愚鈍，諸凡此等有過甚多，反見自矜有堅固定。

若謂如前以念令心繫所緣已，爾時可否發起分別，偵察所緣善不善持？答：定須觀察。如《修次中篇》云：「如是於隨樂所緣安住心已，於此應當如前相續住心。善安住已，即應於心如是觀察：為於所緣心善持耶？為沈沒耶？為現外境而散亂耶？應作是念而觀察之。」此非棄捨三摩地已如是觀察，是住定中觀其是否如前而住根本所緣，若未住者，當觀隨逐沈掉何轉。非纔住定時太短促亦非太久，是於中間時時觀照。若於前心勢力未盡修此觀察，生心力已力能久住，亦能速疾了知沈掉，有此所為。

如是時時略憶前緣而修者，亦為有力、相續運轉正念之因所須，故為修念之法。如《聲聞地》云：「云何心一境性？謂數數隨念、同分所緣、流注、無罪、適悅相應，令心相續，名『三摩地』，亦名為『善心一境性』。其中是於何等數數隨念？謂於正法聽聞、受持，從師獲得教授、教誡，以此增上，令其定地諸相現前，於此所緣以流注念隨轉投注。」《辨中邊論疏》亦云：「言『念不忘所緣』者，謂『以意言住心教授』之斷語。」故依念者，為於所緣滅除散亂忘念，由是滅彼不忘所緣者，謂以意言所緣，即是數數作意所緣。譬如恐忘一所知義，數數憶念即難失忘。故若時時憶念所緣，是生有力正念所須；心於所緣緊持不散而作偵察，是生有力能覺沈掉正知方便。是故應知，若謂此等皆是分別而遮止者，極難生起有力正念正知。

第三、示座時量：若爾，由念令心繫於所緣，應住幾久座量有無決定？答：此中西藏各派先輩諸師皆說「座短數多」。此中因相，有說「若短座修及善支配，則後每次亦樂修習，若座久長則覺厭煩」；有說「座久易隨沈掉增上而轉，則難生起無過正定」。《聲聞地》等諸大論中，未見明說座時之量，然《修次下篇》云：「由是次第，或一正時，或夜巡半修或一座時，抑或乃至堪能爾時應趣。」此雖見此是成寂止已，勝觀修時座量時說，初修止時現見亦同，應如是行。

此復，若如前說修念知法，時時憶念所緣、偵察監視，時雖略久亦無過失。然見初業行者，若時長久，多生忘念散亂，爾時其心或沈或掉，非經久時不能速知；或雖未失念，然亦易隨沈掉而轉，沈掉生已不能速知。彼二前者能障生有力記念，後能障生有力正知，是故沈掉極難斷除。尤以忘散所緣不覺沈掉，較於未忘所緣不能速疾了知沈掉，其惡更甚。故為對治散逸失念，如前所說修念之法極為重要。設若散逸忘念厚重，正知羸劣，不能速疾了知沈掉，則須座短；若見忘念難生，能速了知沈掉，是時座稍延長亦無過失。故密意云一正時等，時長不定。總須隨心所能，故云：「乃至堪能。」又若身心未猝發疾，即應安住，有病不應勉強而修，無間放捨，除治諸界病難乃修，是諸智者密意。應知如是修者，亦是座修幾時之支分。

第三、注所緣後應如何修，分二：一、有沈掉時應如何修；二、離沈掉時應如何修。初又分二：一、修習對治不知沈掉；二、修習對治知已不為斷彼勤加功用。初又分二：一、決擇沈掉之相；二、於正修時生覺沈掉正知之方便。今初：

掉舉，如《集論》云：「云何掉舉？淨相隨轉貪分所攝，心不寂靜，障止為業。」此中有三：一、所緣，可愛淨境；二、行相，心不寂靜，向外流散，是貪分故，愛相趣境；三、作業，能障其心安住所緣。於內令心繫所緣時，由貪色聲等之掉舉，令無自在於彼等境牽心散亂。如《悔讚》云：「如緣奢摩他，於彼意數注，離彼惑索者，貪繩牽趣境。」問：若爾，由餘煩惱從所緣令心散逸，即此流散及於所餘善緣流散，是否掉舉？答：掉是貪分，由餘煩惱散逸非掉，是二十隨煩惱中散亂心所。於善緣流散，隨其所應是善心、心所，一切流散非皆掉舉。

沈者，眾譯亦作「退弱」，與喪心志之退弱不同。

於此沈相，現見雪山聚中修靜慮者，將於餘境不流散住，相不明澄昏沈之心，許之為沈。此不應理，論說昏沈為沈沒因，二各別故，《修次中篇》云：「此中若由昏沈、睡眠所蔽，見心沈沒，或恐沈沒。」《解深密經》亦云：「若由昏沈及以睡眠而致沈沒，或由隨一三摩鉢底諸隨煩惱之所染污，當知是名內心散動。」此說由昏沈及睡眠力，令心沈沒，名內散亂故。《集論》亦於說隨煩惱散亂之時，說其沈沒，然彼說散亂亦有善性，非定染污。

是故昏沈，如《集論》云：「云何昏沈？謂癡分攝，心無堪能，與一切煩惱及隨煩惱助伴為業。」是癡分中身心沈重無堪能性，《俱舍釋》云：「云何昏沈？謂身重性及心重性，即身無堪能性及心無堪能性。」沈沒，謂心力緩執所緣之執取相，不極明現所緣，或不堅持。故雖有澄淨分，若所緣執取相不極明顯，即成沈沒，《修次中篇》云：「若時如盲，或如有人趣入闇室，或如閉目，其心不能明見所緣，應知爾時已成沈沒。」未見餘論明說沈相。沈沒有二，謂善與無記。昏是不善，或有覆無記，唯是癡分。諸大經論皆說除遣沈沒，須思佛像等諸可欣境及修光明相高舉其心。故心闇境晦及心執取相低劣皆應滅除，雙具所緣明顯與執持緊度，唯境明顯及唯有境澄分非為完足。掉舉易了，然於沈沒，現見堪為依據諸大教典多未明辨，故難了知。然見極為重要，以見於此誤為無過等持為大謬處。應如《修次》所說，從修驗上，細心善觀而求認識。

生覺沈掉正知之方便者：非唯了知沈掉便足，須於修時能生正知，如實了知沈沒、掉舉生與未生。又由漸生有力正知，故於沈掉生已無間，即能生起識彼正知，固不待言，縱實未生而將生時，亦須生起覺了正知，《修次》中、下篇云：「見心沈沒，或恐沈沒。」又云：「見心掉舉，或恐掉舉。」乃至未生如斯正知，縱自斷言「從彼至此中無沈掉，所修無過」，然非實爾，以生沈掉亦不知故，有力正知未生起故。如是亦如《中邊論》云「覺沈掉。」謂覺沈掉須正知故。如是若未生起正知，凡生沈掉即必覺察，則雖久修，沈掉正生而不自覺，必以微細沈掉耗時。

若爾，正知云何生耶？答：前所開示修念之法，即一最要之因。以若能生相續憶念，即能破除忘境散逸，故能遮止沈掉生已久而不覺，遂易覺了沈掉。以覺失念時之沈掉，與覺未失時之沈掉，二時延促，環繞體驗觀之甚明。故《入行論》亦密意說：「住念護意門，爾時生正知。」《辨中邊論疏》亦云：「言『正知者，由念記言，覺沈掉』者，謂安住念，始有正知。是故說云：『由念記言。』」餘一因者，是正知不共修法，即令心緣天身等所取之相，或緣覺受唯知唯明等能取相，次如前說於修念中，相續偵察流未流散餘處，任持其心，應執此即將護正知扼要。

如是亦如《入行論》云：「數數審觀察，身心諸分位，總之唯彼彼，是護正知相。」故此能生了知沈掉將生之正知，由修念法是遮散後所起忘念，是故應善辨別。若不爾者，將一切心混雜為一，不知分辨，如近世人修習而修，由混亂因，所修三摩地果恐亦如是。故應順一堪為依據大論，細慧觀察，修驗決擇，極為重要，不應唯恃耐勞。如《攝波羅蜜多論》云：「獨修精進自苦邊，慧伴將護成大利。」

第二、修習對治知已不為斷彼勤加功用：修習正念、正知之法，由如前說善修習已，生起有力正念、正知。由正知故，極細沈掉皆能覺了，無有沈掉生已不識之過。然彼二者生已無間，不修破除功用，忍而不起功用、不作行者，是三摩地極大過失。以若如是，令心成習，極難發起離沈掉定。故於沈掉生已不行斷除，應修對治名曰「作行、功用」之思。

此中分二：一、正明其思，滅沈掉法；二、明依何因而生沈掉。

今初：

如《集論》云：「云何為思？令心造作之意業，於善、不善、無記役心為業。」應如是知。此復如由磁石力故，令鐵轉動不得自在，如是於善、不善、無記隨一，令心策動之心所者，是名為思。此中是明沈掉隨一生時，令心造作斷彼之思。

若爾，如是為斷沈掉，發動心已，當如何修滅沈掉理？心沈沒者，由太向內攝，失所緣之執取相，故應於彼作意諸可欣事，能令心意向外之因。此復如極端嚴佛像，非生煩惱可欣樂法。又可作意日光等諸光明相狀。沈沒除已，即應無間堅持所緣執取相而修。如《修次初篇》云：「若由昏沈、睡眠所覆，執持所緣不顯，心沈沒時，應修光明想，或由作意極可欣事佛功德等，沈沒除已，仍持所緣。」此不應修厭患所緣，厭患是心內攝因故。又以觀慧思擇開衍樂思之境，亦能除沈，《攝波羅蜜多論》云：「由勤修觀力，退弱則策舉。」沈沒或退弱者，謂所緣執取相力漸低劣，故名「沈沒」；太向內攝，故名「退弱」，故由策舉持力及廣開所緣即能除遣。《中觀心論》云：「退弱應寬廣，修廣大所緣。」又云：「退弱應策舉，觀精進勝利。」《集學論》亦云：「若意退弱，應修可欣而令策舉。」諸大賢哲同所宣說，故除沈沒最要之對治，謂思惟三寶及菩提心之勝利，並得暇身大利等功德，須如睡面澆以冷水頓能清醒。此須先於諸勝利品，以妙觀察觀察修之，令發覺受。

又生沈沒所依之因，謂昏沈、睡眠及能生昏、睡之心黑闇相，若修光明習近對治，依彼所生沈沒亦能不生，生已滅除。《聲聞地》說，威儀應經行，善取明相，數修彼相，以及隨念佛、法、僧、戒、捨、天六中隨一，或以所餘清淨所緣真實策舉其心，或當讀誦顯示昏沈、睡眠過患之法，或瞻方所及月、星辰，或以冷水洗面等。

此復沈沒若極微薄，或唯少起，勵心正修心執取相。見沈濃厚，或數現起，則應暫捨修三摩地，如其所應修諸對治，待沈除已後乃修習。若見心取內觀外觀所緣相不明顯，心如暗覆之相，隨其厚薄，若不斷除而修習者，沈沒難斷，故應數數修能對治諸光明相。《聲聞地》云：「應以光明俱心、照了俱心、明淨俱心、無闇俱心正修止觀。如是汝於止觀之道修習光明想時，設有最初勝解所緣相不分明、光明微小，由數修習為因緣故，於其所緣勝解分明、光明轉大。若有最初行相分明、光明廣大，其後轉復極其分明、光明極大。」此說最初所緣分明者尚須修習，況不分明？應取何等光明之相，亦如前論說云：「應從燈明，或大火明，或從日輪取光明相。」如此之修光明相，非獨修習三摩地時，餘亦應修。

掉舉者，由貪為門，令心追趣色聲等境，此應作意諸可厭事，能令心意向內攝錄之因。以此息滅掉舉無間，於先所緣等引其心。《修次初篇》云：「若憶先時散亂、嬉戲等事，見心時時掉舉，爾時應當作意諸可厭事，謂無常等，由此能令掉舉息滅。次應勵力令心仍於前所緣境無作用轉。」《中觀心論》亦云：「作意無常等，息滅掉舉心。」又云：「觀散相過患，攝錄散亂心。」《集學論》亦云：「若掉舉時，應作意無常而善息滅。」

故掉舉太猛或太延長，應暫捨正修而修厭離，方至扼要；非是心一流散，即由攝錄而安住之。掉舉若未強力如許，則由攝錄流散，令繫所緣，如《攝波羅蜜多論》云：「若意掉舉時，以止理遮止。」經中說云：「心善安住。」《瑜伽》釋為掉舉對治。

總之說二：若心掉動，應於所緣善住其心；若沈沒時，於可欣境應善執持。如《聲聞地》云：「由是其心於內攝略，若已下劣，或恐下劣，觀見是已，爾時隨取一種善持淨相，令善執持，慶悅其心，是名善持其心。云何善住？即善持時，其心掉動，或恐掉動，觀見是已，爾時還復於內攝略其心，於奢摩他令善安住。」心掉動時，不應作意淨可欣境，以是向外散動因故。

第二、**明能生沈掉之因者**：《本地分》云：「何等沈相？謂不守根門、食不知量、初夜後夜不勤修行覺寤加行、不正知住，是癡行性、耽著睡眠、無巧便慧，懈怠俱行欲、勤、心、觀，不曾修習正奢摩他，於奢摩他未為純善，一向思惟奢摩他相；其心昏闇，於所緣境不樂攀緣。」沈沒相者，於此應知是沈沒因。「懈怠俱行」者，通勤、心、觀。

又前論云：「何等掉相？謂不守根等四，如前廣說。是貪行性、不寂靜性、無厭離心、無巧便慧，太舉俱行欲等如前。不習精勤，未嫺善持，唯一向修；由其隨一隨順掉法親里尋等動亂其心。」掉舉相者，謂掉舉因。太舉者，謂於可欣境太執其心；與此俱行欲等四法，即如前說。

由是前說未修中間行持章中所示防護根門等四，於滅沈掉為要；復次，顯然由知彼諸因已，若勤遮滅彼等，於滅沈掉極為利益。故沈掉雖微，皆以正知覺了，沈掉若何悉不忍受，須畢竟滅。若不爾者，《辨中邊論》說是名「不作行」三摩地過。故或念云：微細掉舉及散亂等，於初時中斷亦不絕，故不應斷。於是捨棄。又謂：彼等若無猛利、連鎖過長，則力微劣、短促，不能造業，故不須斷。不為斷彼而起作行。此皆不知修習清淨三摩地法，詐現為知，欺求定者，以其背離慈尊等師，於修三摩地法決擇軌理。

如是滅沈掉時，亦多先為掉舉、散亂所障，故須勵力斷彼。由此勵力便能止息粗顯掉、散，獲少住分，爾時應當勵防沈沒。心中勵力防慎沈沒之時，又有較前微細掉舉障礙安住，為斷彼故，又應策勵。掉舉退時，住分轉增；爾時又有沈沒現起，故於斷沈又應勵力。總之當從散、掉錄心，內繫所緣而求住分。隨生住分，即當勵防沈沒，令發明晰勢力。此二輾轉修習無過勝三摩地，不應唯於澄淨住分全無持力俱行明分而起希求。

第二、離沈掉時應如何修：如前所說，修習斷除微細沈沒、掉舉，則無或沈或掉令不平等，心能平等運轉之時，若功用行是修定過，於此對治應修等捨。如是亦如《修次中篇》云：「若時見心俱無沈掉，於所緣境心正直住，爾時應當放緩功用，修習等捨，是時欲坐幾時，即安坐之。」若爾，何為作行或有功用而致過失之理？此由於心掉則攝錄、沈則策舉而作修習，於一合適座中，自有成算沈掉不起之時，若仍如初勵防沈掉而修。如是行者，則如《修次》後二篇云：「心平等轉，若仍功用，爾時其心便當散動。」反成散亂，故於爾時應知放捨。此復是為放緩功用，非捨執取相力。故修等捨，非是一切無沈掉時，乃是摧伏沈掉力時；若未摧伏沈掉勢力，無等捨故。

設念：其捨為何？答：捨總有三：一、受捨，二、四無量之捨，三、行捨；此是行捨。此捨自性，如《聲聞地》云：「此中云何為捨？謂於止觀品所緣心無染污之心平等性、正直、自任運轉、適悅心、心堪能性，無隨功用行而捨。」應如是知。獲得此捨之時，修三摩地不起沈掉之際，令捨現前，安住不發太過功用。此所緣相，如前論云：「云何捨相？謂由所緣令心上捨，及於所緣不發所有太過精進。」修捨之時，亦如彼云：「云何捨時？謂心於止觀品無沈掉時。」

如是引發無過三摩地法，此等是依慈尊所說《辨中邊論》，如云：「依住堪能性能成一切義，由滅五過失，勤修八斷行。懈怠忘聖言，及沈沒掉舉，不作行作行，是為五過失。即所依能依，及所因能果。不忘其所緣，覺了沈與掉，起作行斷彼，滅時正直轉。」其依住者，謂為除障品發勤精進，依此而住，於此能生心堪能性勝三摩地。此能成辦勝神通等一切義利，是神變之足或是所依，故能成滿一切義利。云何能生此三摩地？謂為斷除五過失故，勤修八行，從此因生。五過失者，謂加行時，懈怠為過，於三摩地不加行故。勤修定時，忘失教授是其過失，若忘所緣，心於所緣不能定故。已等引時，沈掉為過，彼二令心無堪能故。沈掉生時，不作功用是其過失，以此不能滅二過故。離沈掉時，行思是過。沈掉二過合一為五，《修次》諸篇亦各分別說為六過。此等對治為八斷行，其中對治懈怠有四，謂信、欲、勤、安。對治忘念、沈掉、不作行、作行，如其次第，謂念、覺了沈掉之正知、作行之思、正住之捨，此等前已廣說。

此即修定第一教授，故蓮花戒大論師於三篇《修次》，及餘印度諸大智者，皆於修定眾多章中宣說，《道炬論釋》亦於修止章中宣說，故見道次先覺亦皆說其粗概。然見樂修定者，猶未了知應如何修，故廣決擇。此乃一切以念、正知遠離沈掉，修三摩地心一境性教授所共，不應執此是相乘別法，非咒所須，以無上瑜伽續中亦說，是所共故。亦如《吉祥三補止・初觀察第二品》云：「欲三摩地斷行成就神足，依離、依無染、依滅、正斷而轉，由彼欲故而正修習，非太退弱以及高舉。」於勤、觀、心三三摩地亦如是說。前說正定妙堪能性，是神變等功德所依，猶如足故名為神足。成就此定略有四門，謂由猛利欲樂所得，及由恆常精進所得，觀擇所緣得三摩地，名欲三摩地、進三摩地、觀三摩地；若心宿有三摩地種，依彼而得心一境性，名心三摩地，此乃《辨中邊論疏》等所說。太退弱者，謂太緩慢；結合為「太高舉」者，謂太策勵，義為須離彼二而修。

第二、依彼引生住心次第，分三：一、正明引生住心次第；二、由六力成彼之法；三、彼具四作意之理。

初中九心：一、於彼彼內住者，謂從一切外所緣境正攝其心，令其內注所緣。《莊嚴經論》云：「心注所緣已。」

二、續住者，謂初所注心令不餘散，即於所緣相續而住。如云：「其流令不散。」

三、安住者，謂若忘念散於外境，知已還復安置前所緣境。如云：「散亂速覺了，還安住所緣。」

四、近住者，《修次初篇》說，前安住心是知散斷除，此近住心是散亂斷已，勵力令心住前所緣。《般若波羅蜜多教授論》說，自然從廣大境數攝其心，令性漸細上上而住，此同如云：「具慧上上轉，於內攝其心。」《聲聞地》說，先應念住，不令其心於外散動。謂起念力，令不忘念於外散動。

五、調順者，謂由思惟正定功德，令於正定心生欣悅。如云：「次見功德故，於定心調伏。」《聲聞地》說，由色等五境，及三毒、男、女隨一之相令心散動，先應於彼取其過患，莫由十相令心流散。

六、寂靜者，謂於散亂觀其過失，於三摩地止息不喜。如云：「觀散亂過故，止息不樂彼。」《聲聞地》說，由欲尋思等諸尋思，及貪欲蓋等諸隨煩惱擾亂心時，先應於彼取其過患，於諸尋思及隨煩惱不令流散。

七、最極寂靜者，謂若貪心、憂心、昏沈、睡眠等生，能極寂靜。如云：「貪心憂等起，應如是寂靜。」《聲聞地》說，若生忘念，而起如前所說尋思及隨煩惱，隨生尋斷，悉不忍受。

八、專注一境者，為令無勞而轉故，而正策勵。如云：「次勤律儀者，由心有作行，能得任運轉。」又如《聲聞地》云：「由有作行令無缺間，相續安住三摩地流，如是名為專注一趣。」應如是知。又見第八住心取名「專注一趣」，即由此名易了其義。

九、平等住者，《修次》中說，心平等時當修等捨。《般若波羅蜜多教授論》說，由修專注一趣，能得自在，任運自然而轉。如是又云：「從修習，不行。」《聲聞地》說名「等持」，其義彼論亦明顯云：「數修、數習、數多修習為因緣故，得任運轉、自然轉道。即此無作行、任運，能令其心於無散定續流而轉，故名等持。」此中九心立名，是如所引《修次初篇》等文，如云：「此奢摩他道，是從《般若波羅蜜多》等所說。」

第二、**由六力成彼之法**：力有六種：一、聽聞力，二、思惟力，三、憶念力，四、正知力，五、精進力，六、串習力。此等能成何心之理者，由聽聞力成內住心，以唯隨順從他所聞於所緣境住心教授，僅是最初繫於所緣，非自數思數修習故。由思惟力成續住心，以於最初繫於所緣，由數思惟將護其流，初得略能續其流故。由憶念力成辦安住、近住二心，以從所緣向外散時，憶先所緣於內攝錄；及從最初生憶念力，從所緣境不令散故。由正知力成辦調順、寂靜二心，以由正知了知尋思、隨煩惱相流散過患，見為過患，令於彼二不流散故。由精進力成辦最極寂靜、專注一境二心，以雖略生尋思及隨煩惱，亦起功用斷滅而不忍受；由此因緣，其沈掉等不能障礙妙三摩地，能成相續所生三摩地故。由串習力成等住心，以於前心極串習力，能生無劳自然而轉三摩地故。此等是如《聲聞地》意，雖見餘說然不可信。

此中若得第九住心，如誦經等至極串熟，先發誦唸等起而誦，雖於中間心往餘散，然所誦唸任運不斷。如是初念注於所緣，令起一次等引，次雖未能恆依相續念知，然三摩地能無間缺相續長轉。由其不須功用相續恆依念知，故名「無加行」或名「無功用」。能生此者，先須相續功用依念、正知，令沈掉等諸障品法不能障礙，生一久續三摩地，此即第八住心。此與第九，雖沈掉等三摩地障不能為障，二心相同，然於此心必須無間依念正知，故名「有行」或「有功用」。能生此者，須於微細沈掉等法，隨生隨除而不忍受，故須第七心。生第七心，須先於諸尋思及隨煩惱散亂知為過患，由有力正知，於彼等上偵察令不流散，故須第五及第六心，此二即是有力正知所成辦故。能生此者，復須散失所緣亦即速憶所緣，及須最初不從所緣散亂正念，故須第三及第四心，以此二心即彼二念所成辦故。又生此者，須先令心繫於所緣，及令所繫續流不散，故應先生初二種心。

如是總謂先應隨逐聽聞教授，善修令心等住之理。次於如是安住，由數思惟令略相續而護其流。次若失念而散亂時速應攝錄，忘所緣境速應憶念。次更生起有力正念，從初便發不散所緣念力。若已成辦有力憶念，當觀所緣散亂沈掉等過，以發猛利伺察正知。次當起功用力，雖由微細忘念而散，亦能無間了知而截其流。既斷除已，令諸障品不能為障，漸延續流。生此力時，策勵修習，得修自在，即能成辦第九住心，無諸功用成三摩地。

是故未得第九心前，修瑜伽師須施功用，於三摩地安住其心。得九心已，雖不特修等住功用，心亦自然成三摩地。雖得如是第九住心，若未得輕安，如下所說尚不立為得奢摩他，何況能得毘缽舍那？然得此定，有無分別、安樂、明顯而嚴飾者，誤為已生等引、後得共相合糅無分別智。尤見極多於《聲聞地》所說第九住心，誤為已圓滿生無上瑜伽之圓滿次第者，下文當說。

第三、**彼具四作意之理**：如《聲聞地》云：「即於如是九種心住，當知復有四種作意：一、力勵運轉；二、有間缺運轉；三、無間缺運轉；四、無功用運轉。於內住、等住中，有力勵運轉作意。於安住、近住、調順、寂靜、最極寂靜中，有有間缺運轉作意。於專注一趣中，有無間缺運轉作意。於等持中，有無功用運轉作意。」

此說初二心時，須勤策勵，故立力勵運轉作意。次五心時，由沈沒、掉舉故，中有間缺不能經久座修，故立有間缺運轉作意。隨後第八心時，沈沒、掉舉不能為障，而能經久座修，故立無間缺運轉作意。隨後第九心時既無間缺，又復不須恆依功用，故立無功用運轉作意。若爾，初二心時，亦有有間缺運轉，中五心時，亦須力勵，云何初二不說有間缺運轉作意，於中五心不說力勵運轉作意？答：初二心中，心成不成定，後者極長；中間五心住定極長，故於後者立三摩地間缺之名，前者不爾。故雖俱有力勵運轉，然間缺運轉有無不同，故於力勵運轉作意，未立五心。

如是謂住前說資糧，恆依精進修三摩地，乃能成辦正奢摩他，若略修習一次二次，還復棄捨所修加行，必不能成。如《攝波羅蜜多論》云：「由無間瑜伽，精勤修靜慮。如數數休息，鑽木不出火，瑜伽理亦然，未得勝勿捨。」

由修成辦奢摩他量，分三：一、顯示奢摩他成與未成之界限；二、總示依奢摩他趣道軌理；三、別顯往趣世間道軌。初又分二：一、顯示正義；二、有作意相及斷疑。今初：

若善了知如前所說修定之軌而正修習，則九住心如次得生。此第九心能盡遠離微細沈掉，經久座修。此復若得任運而轉妙三摩地，不待策勵功用相續依止正念正知，是否已得奢摩他耶？茲當解釋。得此定者，有得未得輕安二類，若未得輕安，是奢摩他隨順，非真奢摩他，名「奢摩他隨順作意」。《解深密經》明顯說云：「世尊，若諸菩薩緣心為境，內思惟心，乃至未得身心輕安，於此中間所有作意，當名何等？慈氏，非奢摩他，是名隨順奢摩他勝解相應作意。」《莊嚴經論》亦云：「由習而無作，次於彼身心，獲得妙輕安，名為有作意。」此處作意，即奢摩他，如下所說《聲聞地》文。《修次中篇》亦云：「如是修習奢摩他者，若時生起身心輕安，如其所欲心於所緣獲得自在，應知爾時生奢摩他。」此說須具二事，謂於所緣得自在住及發輕安。故《修次初篇》說：「若時於所緣境不用加行，乃至如欲心得運轉，爾時應知是奢摩他圓滿。」意亦已得輕安，《修次中篇》顯了說故。又《辨中邊論》說八斷行中之捨，與此第九心同一宗要，但此非足，彼論亦說須輕安故。《般若波羅蜜多教授論》亦云：「如是菩薩獨處空閒，如所思義而起作意，捨離意言，於心所現多返作意，乃至未生身心輕安，是奢摩他隨順作意。若時生起，爾時即是正奢摩他。」此說極顯。此等一切皆是決擇《深密經》義。

若爾，未生輕安以前，此三摩地何地攝耶？答：此三摩地欲界地攝；三界九地隨一所攝，而非第一靜慮近分以上定故；以得近分決定須得奢摩他故。於欲地中雖有如此勝三摩地，然仍說是「非等引地」，而不立為「等引地」，其因相者，以非無悔、最勝喜樂、輕安所引故。如是亦如《本地分》云：「何故唯於此等名『等引地』，非於欲界心一境性？謂此等定，是由無悔、勝喜、輕安、妙樂所引。欲界不爾，非欲界中於法全無審正觀察。」如是若未獲得輕安，雖三摩地不須相續依止正念，自然能成心無分別，復現似能合糅趨、行、坐、臥一切威儀，應知是名「欲界心一境性」，不可立為真奢摩他。

若爾，云何能得輕安之理？得輕安已，又云何為能成奢摩他理？答：應知輕安如《集論》云：「云何輕安？謂止息身心粗重相續流故，身心堪能性，除遣一切障礙為業。」身心粗重者，謂其身心於修善行，無有堪能隨欲遣使。能對治此身心輕安者，由離身心二種粗重，則遣身心令行善事極有堪能。又能障礙樂斷煩惱，煩惱品攝內身粗重，若勤功用斷煩惱時，其身重等不堪能性得遣除已，身獲輕利，名身堪能。如是為斷煩惱，所謂能障樂斷煩惱，煩惱品攝內心粗重，由是勤功用時，不堪愛樂運轉注善所緣得遣除已，心於所緣運轉無滯，名心堪能。如是亦如安慧論師云：「此中身堪能者，謂於身所作事輕利生起。心堪能者，謂令趣正作意之心，能得適悅、輕利之因餘心所法；以若具此，能於所緣無滯運轉，是故名為『心堪能性』。」總之雖欲功用斷除煩惱，然如拙於事者趣自事業畏怯難轉；若得輕安，如是身心不堪能性皆除遣已，遣使身心極具便利。如是身心圓滿堪能，是從初得三摩地時，便有微細少分現起，次漸增長，至於最後而成輕安、心一境性妙奢摩他。又初微故難可覺了，後乃易知。如《聲聞地》云：「唯於其初發起如是正加行時，起心輕安，若身輕安、身心堪能，微細難覺。」又云：「即前所有心一境性、身心輕安漸更增長，由此因果轉承道理，而能引發粗顯易了心一境性、身心輕安。」

將發如是眾相圓滿易了輕安所有前相，謂勤修定補特伽羅，於其頂上似有重物，然其重相非不安樂。此生無間，即能遠離障礙樂斷煩惱心粗重性，即先生起能對治彼心輕安性。如《聲聞地》云：「若於爾時，不久當起粗顯易了心一境性、身心輕安所有前相，於其頂上現似負重，又非損惱之相。此起無間，能障樂斷、諸煩惱品心粗重性皆得除滅，能對治彼心調柔性、心輕安性皆得生起。」

次依內心堪能輕安生起力故，有能引發身輕安因——風息流身，此風通遍身分之時，身粗重性皆得遠離；諸能對治身粗重性，身輕安性即能生起。此復舉身充實，而由堪能風力，狀似滿溢。如《聲聞地》云：「由此生故，有能隨順起身輕安，諸風大種來入身中。由此大種於身轉時，能障樂斷、諸煩惱品身粗重性皆得遣除；能對治彼身輕安性，遍滿身中，狀如滿溢。」此身輕安，謂極悅意內身觸塵，非心所法。如安慧論師云：「歡喜攝持身內妙觸，應當了知是身輕安。契經中說：『意歡喜時身輕安』故。」

如是此身輕安最初生時，由風力故，身中現起強烈樂受。由此因緣，心中喜樂覺受轉更勝妙。其後輕安初勢漸趣微細，然非輕安一切永盡，是初粗顯太動其心，彼漸退已，當有輕安輕薄如影，無諸散動與三摩地隨順而起。心踊躍性亦漸退已，心於所緣堅固而住，遠離大喜擾動不寂靜性，是即獲得正奢摩他。《聲聞地》云：「彼初起時，令心踊躍、令心悅豫、歡喜俱行；令心喜樂、所緣境界於心中現。從此已後，彼初所起輕安勢力漸漸舒緩，身具輕安猶如光影。心踊躍性亦當捨卻，由奢摩他令心堅固，以極靜相轉趣所緣。」

如是生已，得奢摩他，或如論云：「名有作意」，始得墮在

「有作意」數。以得第一靜慮近分所攝正奢摩他，乃得等引地最下作意故。

如是亦如《聲聞地》云：「從是已後，其初發業修瑜伽師名有作意，始得墮在『有作意』數。何以故？由此最初獲得色界等引地少作意故。由此因緣，名『有作意』。」言等引地者，是上二界地之異名。

第二中，有作意相者：言「已得作意」所具自他所能明了相、狀者，謂由獲得如是作意，則得少分色地攝心、身心輕安、心一境性四者；有力能修粗靜相道或諦相道，淨治煩惱；內等引時，身心輕安疾疾生起；貪欲等五蓋多不現行；出等引時，亦有少分身心輕安。如是亦如《聲聞地》云：「得此作意初修業者有是相狀，謂已得色界少分定心，已得少分身心輕安、心一境性，有力有能善修淨惑所緣加行，其心相續滋潤而轉，為奢摩他之所攝護。」又云：「於內正住而坐，投注心時，身心輕安疾疾生起，不極為諸身粗重性之所逼惱，不極數起諸蓋現行。」又云：「雖從定起，出外經行，亦有些許身心輕安。如是等類，當知是名有作意者清淨相、狀。」

由得具足如是相狀作意，奢摩他道極易清淨，謂由等引心一境性奢摩他之後，速能引起身心輕安，故令輕安轉增；如彼輕安增長之量，便增爾許心一境性妙奢摩他，互相輾轉能增長故。如是亦如《聲聞地》云：「如如增長身心輕安，如是如是於所緣境心一境性轉得增長；如如增長心一境性，如是如是轉復增長身心輕安。心一境性及以輕安，如是二法輾轉相依，輾轉相屬。」總之，若心得堪能時，風、心同轉，故風亦堪能，爾時其身便起微妙殊勝輕安。此若生起，心上便生勝三摩地；復由此故，其風成辦殊勝堪能，故能引發身心輕安，仍如前說。

斷疑者：如是於說無分別第九心時，雖於念知不起恆勤功用，心成等持；又盡滅除微細沈沒，具明顯力；又如前身輕安時說，由其風大堪能力故，能與身心勝妙安樂。此三摩地，如於前述相狀時說，貪欲等蓋諸隨煩惱多不現行；雖出等引，不離輕安。若生具此功德之定，於五道中立為何位？答：若生如是妙三摩地，現見今昔有極多人，總體立為大乘之道，尤由隨順生輕安風，狀似舉身安樂充滿，依此身心起大調適；又見具足無諸分別、最極明顯二種殊勝，故許為無上瑜伽中備諸德相圓滿次第瑜伽。然依慈尊、聖無著等諸大教典，及《中觀修次》等明顯開示修定次第定量諸論而觀察之，此三摩地尚未能入小乘之道，何況大乘？《聲聞地》說，此觀粗靜為相諸世間道，能成第一靜慮根本定者，亦依此定而引發故。是以外道諸仙由世間道，於無所有以下諸地能離欲者，亦須依此而趣上道，是故此定是內外道二所共同。或由無倒達無我見，及善覺了三有過失，而厭生死、希求解脫，由此出離意樂攝持，成解脫道；若由菩提心寶攝持，亦能轉成大乘之道。如與畜生一摶之食所行布施，及護一戒，若由彼二意樂攝持，如其次第，便成解脫及一切智道之資糧。然今非觀察由餘道攝持，能不能成解脫及一切智道，是就此定自性觀察為趣何道。

又中觀師與唯識師如何決擇毘鉢舍那正見之境雖有不同，然總明止觀，及於相續生彼證德總體軌理全無不合。故聖無著於《菩薩地》及《攝決擇分》、《集論》、《聲聞地》中別分止觀二中，若修止者，說由九心次第引發；此復於《聲聞地》決擇最廣，故不許彼定即是修毘鉢舍那法。以諸論中離九住心，別說毘缽舍那，《聲聞地》亦別說修觀法故。如是《中觀修次》諸篇及《般若波羅蜜多教授論》，亦說九心為奢摩他道，別說毘缽舍那道。慈氏論典所說諸義，亦除無著菩薩所解之外，更無所餘。故於此事，現見一切大車同一意趣。

若謂《聲聞地》所說者，雖有安樂、明顯，然無甚深無分別相，故唯是止；若有無分別，即空三摩地。所言「甚深無分別」者，深義云何？為由觀慧正見究竟決定，次於其上無分別住耶？抑唯全不思擇、無分別住耶？若如初者，吾等亦許如此即是空三摩地。若汝許此，理應如是分別宣說：「應當分別有無實性見解二類。若有彼見補特伽羅，次住見上修無分別，是修甚深空三摩地。若無見解補特伽羅，全不分別而修，其修則非修深空性。」不應宣說：「諸凡一切無思惟修，皆是無緣，或於無相，或於空性修靜慮師。」若謂無論有無了悟空性正見，但若心無分別、全不思擇而住，此一切修皆是空定，則前所引《聲聞地》說奢摩他品諸三摩地，雖非所欲，亦應許為空三摩地。以由彼等安住定時，除些許時念正知勢力轉弱起偵察等，餘時全不略起分別而修，謂「此是、此非」。

故《解深密經》說，諸能引發正奢摩他妙三摩地，緣無分別影像。《聲聞地》亦云：「彼於爾時緣無分別影像，即於如是所緣影像，一向一趣安住正念，不復觀察、不復簡擇、不極簡擇、不遍尋思、不遍伺察。」止觀二中於奢摩他作是說故。《聲聞地》又云：「又若汝心雖得寂止，由失念及未串習之失，故由諸相、尋思及隨煩惱，令得顯現、開啟門徑、能為緣取。隨所生起，由先所見諸過患相增上力故，即更當修不念作意。如是由修不念作意，除遣、散滅所緣，當住無顯現性。」此是僅於修止時說。諸定量論皆說修奢摩他時不觀察修，唯安住修。故許一切不分別修，皆是修空行持，實為智者所應笑處。尤許「凡說『不念作意之修』皆是修空」，《聲聞地》文亦善破除。又《修次初篇》云：「奢摩他自性者，唯是心一境性故。此即是一切奢摩他總相。」《慧度教授論》亦云：「應當遠離緣慮種種心相意言，修奢摩他。」意言者，謂分別「此是此等」。又於前引《寶雲經》說奢摩他是心一境性，此等眾經、大車諸論，曾經多次說奢摩他全無分別。故無分別略有二種，謂修空無分別，及於空性全未悟解諸無分別。故不應執凡有安樂、明顯、無分別者，皆是修空。

若如是者，此等亦僅略示方隅，應善策勵，了知慈尊及無著等所解修止觀法。若不爾者，便於少分尚未得止住無分別定，誤為能斷三有根本毘缽舍那。於此起慢，謂修無緣，空度時日，定欺自他。現見定量賢哲所造論中，說於新修奢摩他時，唯應止修無分別住；初修觀時，以觀察慧分別觀擇而修。若執一切分別皆是實執，捨此一切，即正違背定量諸論。未得無謬無我正見，然以全無分別認作修習勝觀深義，見此未雜餘說，純是支那堪布之宗。細觀三篇《修次第》中自當了知。

第二、總示依奢摩他趣道軌理：如是已得如前所說無分別三摩地作意，彼唯應修具足明顯、無分別等殊勝之無分別耶？答：於相續中引發如此妙三摩地，是為引生能摧煩惱毘缽舍那。是故若不依此引發勝觀，任如何修此三摩地，尚不能斷欲界煩惱，況能盡斷一切煩惱，故當更修毘缽舍那。此復有二：一、能斷煩惱現行，世間道所行毘缽舍那；二、能從根本斷除煩惱種子，出世道所行毘缽舍那，除此更無進道方便。如《聲聞地》云：「已得作意諸瑜伽師，已入如是少分樂斷，從此已後，唯有二趣，更無所餘。何等為二？一者世間，二出世間。」如是已得正奢摩他或作意者，或欲修習世間道毘缽舍那，或欲修出世道所行毘缽舍那，皆於先得奢摩他應多修習。如是修時，輕安、心一境性皆極增長，其奢摩他亦極堅固。又應善巧止觀眾相，其後欲以二道隨一而行，即於彼道發起精勤。如《聲聞地》云：「彼初修業諸瑜伽師有作意者，或念我當以世間行而趣，或念我當以出世行而趣，復多修習如是作意。如如於此極多修習，如是如是所有輕安、心一境性，經歷彼彼日夜等位轉復增長、廣、大。若時彼之作意堅、穩、牢固，於淨所緣勝解而轉，於止觀品善取其相，彼於爾時或世間道或出世道，樂以何往，即當於彼發起加行。」其中世間毘鉢舍那修習粗靜為相，謂觀下地粗性、上地靜性。其出世間毘鉢舍那《聲聞地》所說者，謂於四諦觀無常等十六為相，如是修持，主要通達補特伽羅無我正見。

如是得前所說奢摩他作意，有幾種補特伽羅於現法中不以出世道行，而以世間道行？如《聲聞地》云：「問：此中幾種補特伽羅，即於現法唯以世間道行，非以出世道？答：略有四種：一、除此以外一切外道；二、於正法中根性鈍劣，先慣修止；三、根性雖利，善根未熟；四、一切菩薩樂當來世證大菩提，非於現法。」

其中外道瑜伽師一切得如前說奢摩他者，於補特伽羅無我無觀察慧觀擇而修，彼於無我不勝解故。由是或唯修此無分別止，或唯修習粗靜為相毘缽舍那，故唯以世間道而行。又正法中佛諸弟子，若是鈍根，唯先多習寂止止修，於此多所習近，遂不樂以觀察慧於無我義觀擇而修；或雖樂修，然不能了真無我義，故於現法亦唯以世間道而行。以或唯修住分，或唯能修粗靜為相毘缽舍那故。又諸利根佛弟子眾，雖能悟解真無我義，若現證諦善根未熟，則於現法亦不能生諸出世間無漏聖道，故名「唯以世間道而行」，非不能修緣無我之毘缽舍那。又菩薩成佛，雖一生所繫，亦於來世最後有時，加行道起共四種道生於相續；於一生所繫時，聖道不起，故名「現法唯以世間道行」，非未通達真無我義。此順小乘教成佛道理，如《俱舍論》云：「佛麟喻菩提，定際依一遍，前順解脫分。」非無著菩薩自許如是。

若如是者，但凡外道修粗靜為相之道斷現行煩惱，內佛弟子修無我義根本斷除煩惱，皆須先得如前所說奢摩他定。故前所說此奢摩他，是內外道諸瑜伽師斷除煩惱依處所需。非唯如是，又大小乘諸瑜伽師，亦皆須修此三摩地；大乘人中，若顯密乘諸瑜伽師，一切皆須修奢摩他。故此奢摩他，是一切修瑜伽師共所行道極要根本。

又咒教所說奢摩他，唯除所緣差別，謂緣天身，或緣標幟、咒字等而修習等，及除少分生定方便差別而外，其須斷除懈怠等五種三摩地過，及彼對治依止念知等理，其次獲得第九住心，從此引發妙輕安等，一切皆共，故此等持極其寬廣。《解深密經》於此密意宣說，大乘、小乘一切等持，皆是止觀三摩地攝。故欲善巧諸三摩地，應當善巧止觀二法。

生此三摩地奢摩他作意，義雖極多，然主要所為者，是為引發毘鉢舍那之證德。毘鉢舍那又有二種：一、內外所共，於內道中亦為大小乘所共，僅斷現行煩惱粗靜為相毘鉢舍那；二、唯佛弟子內道別法，畢竟斷除煩惱種子、無我實性為相毘鉢舍那。前是圓滿支分，非必不可少，後是必不可少之支。故求解脫者，應生能證無我實性毘缽舍那。

此復若得如前所說第一靜慮近分地攝正奢摩他，縱未獲得彼止以上靜慮或無色奢摩他，然即依彼止修習勝觀，亦能脫離一切生死繫縛而得解脫。若未通達、未能修習無我實性，僅由前說正奢摩他，及依彼所發世間毘缽舍那，斷無所有下一切現行煩惱，得有頂心，亦終不能脫生死故。如是亦如《讚應讚論》中〈讚無以為報〉云：「未向尊正法，癡盲諸眾生，乃至上有頂，苦生感三有。若隨尊教行，雖未得本定，諸魔正看守，而能斷三有。」是故當知一切預流、一來能得聖道毘缽舍那所依之奢摩他，即前所說第一靜慮近分所攝正奢摩他；如是一切頓行諸阿羅漢，亦皆唯依前說正奢摩他而修毘缽舍那，證阿羅漢。若相續中先未獲得前說奢摩他定，必不得生緣如所有或盡所有毘缽舍那真實證德，後當宣說。故修無上瑜伽諸瑜伽師，雖未發起緣盡所有粗靜為相毘缽舍那，及彼所引正奢摩他，然須生一正奢摩他。此復初生界限，亦是生起、圓滿二次第中初次第時生。總之，「先應發起正奢摩他，次即依彼，或由粗靜為相毘缽舍那，漸進諸道乃至有頂；或由無我實性為相毘缽舍那，往趣解脫或一切智之五道者，是總佛教法印所印。故任何等修瑜伽師，皆不應違越」，是為總顯依奢摩他趣上道軌。

第三、別顯往趣世間道軌，分二：一、顯往粗靜為相之道先須

獲得正奢摩他；二、依奢摩他離欲界欲之理。今初：

由了相門修粗靜為相之道，先須得前說正奢摩他。以《莊嚴經論》云：「彼令此增已，由長足增長，故得根本住。」謂得前說第九住心及諸輕安，彼令增長此三摩地，依之引發根本靜慮。

此復說從第九心起，乃至未得作意之間，是為作意初修業者；得作意已，欲淨煩惱修習了相作意時，是淨煩惱初修業者。故修了相者，是先已得作意。如《聲聞地》云：「云何作意初修業者？謂專注一緣，乃至未得作意，未能觸證心一境性，是名初修業者。云何淨煩惱初修業者？謂已證得所修作意，於諸煩惱欲淨其心，由此了相作意發起，為能受取而勤修習。」〈第四瑜伽處〉起首亦說已得作意，次修世間及出世間離欲道故。

又先修成如前所說正奢摩他，次修世間及出世間毘鉢舍那斷煩惱理，於餘對法論中，亦未明顯如此極廣宣說。故見往昔善巧上下《對法》諸先覺等，於此先修專住一緣正奢摩他，及依於彼斷煩惱理，皆未能顯。故若未能善解此《聲聞地》所說，便覺靜慮、無色最下之道，是初靜慮之近分。於彼說有六種作意，初是了相。故起誤解，謂初生近分攝心，即了相作意。若如是計，極不應理，以若未得正奢摩他，必不能生初靜慮之近分；若未得此近分，定不能得奢摩他故；又復了相是觀察修，故由修此，若先未得正奢摩他，不能新生故。又如先引《本地分》文，欲界心一境性無諸輕安；《解深密經》等說，未得輕安即不得止。故若未得第一近分，即未能得正奢摩他。

故初近分六作意之最初者，是修近分所攝毘缽舍那之首，非僅是第一近分之初，其前須成近分所攝奢摩他故。未得初近分所攝三摩地前，一切等持唯是欲界心一境性。若依諸大教典所說，現見得奢摩他者亦極稀少，況云能得毘缽舍那。

第二、**依奢摩他離欲界欲之理**：唯修前說具足明顯、無分別等眾多殊勝正奢摩他，全不修習二種勝觀，不能暫遮欲界所有現行煩惱，況能永斷煩惱種子及所知障。故欲離欲界欲得初靜慮者，應依此止而修勝觀。若爾，前說唯修寂止能伏現行煩惱，豈不相違？答：無有過失。前者是依世間毘缽舍那攝入奢摩他中而說，此依二種毘缽舍那前行第一近分所攝奢摩他說。

能引離欲毘缽舍那略有二種，謂由諦為相及粗靜為相離欲之理，此說由其後道成辦離欲之理。此中所依者，謂未少得無我正見諸外道眾，及正法中具足無我見者，二所共修。彼修何道而斷煩惱，如《聲聞地》云：「為離欲界欲，極起精勤諸瑜伽師，由七作意，方能獲得離欲界欲。何等為七？謂了相、勝解、遠離、攝樂、觀察作意、加行究竟、加行究竟果作意。」此中最後，是離欲界欲而入根本定時作意，故是所修；前六是為能修。

若此非由修無我義而斷煩惱，為決擇而修何義以斷煩惱耶？

其中雖由此道亦斷欲界餘現行惑，然唯說名「離欲界欲」。故主要者，謂由貪欲對治而斷煩惱。又貪欲者，此為欲、貪五種欲塵，故其對治，是於欲塵多觀過患，倒執貪執取相而串習之，由此能於欲界離欲。

又雖無倒分別解了欲界過失及初靜慮功德，而有堅固了相定解，若先未得正奢摩他，則於觀擇此二德失，任經幾許串習，然終不能斷除煩惱。又雖已得正奢摩他，若無明了觀察，隨修幾久，亦定不能斷除煩惱。故須雙修止觀方能斷除，此乃一切斷除煩惱建立。

若如是者，分別簡擇上下諸地功德、過失之了相，時為聞成，時為思成，故為聞思間雜。由如是修，超過聞思，以修持相，一向勝解粗靜之義，是名勝解作意。於此《聲聞地》云：「由緣彼相修奢摩他、毘缽舍那。」第六作意時亦云修奢摩他、毘缽舍那；初作意時說緣義等六事，此於餘處多返說為毘缽舍那，是故此等雖非修習無我正見，然是毘缽舍那亦不相違。故此諸作意之時，是由雙修止觀之理而斷煩惱。故彼修習之理，謂於分辨粗靜之義數數觀察，即是修習毘缽舍那；觀察之後於粗靜義一趣安住，即是修習正奢摩他。如是所修初、二作意，是為厭壞對治。

如是交替修習止觀二者，由依串習，若時生起欲界上品煩惱對治，是名「遠離作意」。又由間雜薰修止觀，若能伏斷中品煩惱，是為攝樂作意。次若觀見能障善行欲界煩惱，住定、出定皆不現行，不應粗尋，謂我今已斷除煩惱。當更審察：為我實於諸欲希求，尚未離欲而不行耶？抑由離欲而不行耶？作是念已，為醒覺彼，攀緣隨一極其可愛貪境之時，若見貪欲仍可生起，為斷彼故喜樂修習，是為觀察作意。由此能捨未斷謂斷我慢。次更如前於粗靜義別別觀察，於觀察後安住一趣，由於薰修此二事故，若時生起欲界下品煩惱對治，是名「加行究竟作意」。第三、第四、第六作意，是能斷除煩惱對治。

如是若斷軟品煩惱，即是摧壞一切欲界現行煩惱，暫無少分而能現起，然非畢竟永害種子。此理能離無所有處以下諸欲，然尚不能滅除有頂現行煩惱，是故不能度越生死。然依靜慮亦能獲得五種神通，此等恐繁不錄，如《聲聞地》極廣宣說，故應觀閱。

今無此等修靜慮等根本定理，故因彼等導入歧途，亦復無由。然於此等若生領解，非徒空言，則於遮斷餘定歧途，見有大益。如是四種靜慮、四無色定及五神通，與外道共，故雖得此殊勝等持，唯此非但不能脫離生死，反於生死而為繫縛。故唯奢摩他不應喜足，更當尋求別別觀察毘缽舍那無我正見。

前說修奢摩他，或名「作意」法，從《般若波羅蜜多》甚深經等所說九種住心之理，《中觀修次》所述，如前已引。彼經意趣，《經莊嚴論》為作解說；無著菩薩則於《菩薩地》、上部《對法》、《攝決擇分》中總略宣說；如《攝分》於止觀二法舉《聲聞地》，《聲聞地》中廣為解說。又此諸義，《中觀修次論》及《慧度教授論》亦曾宣說。復有《辨中邊論》說由八斷行、斷五過理修奢摩他法。縱未廣知修初靜慮等根本定法，最下亦定須知經善觀察、遠離杜撰，所說彼等諸心要義。

一類修靜慮者且無此等之名，又有一類先學論時，徒有空言，然未善解其義，後修行時，見無所須，輕棄而修。見有略得止品所攝正定，便執是為空三摩地；眾多僅得內外二者共通等持第九住心，便謂已得無上瑜伽具足德相圓滿次第；及謂是為等引、後得合雜無間無分別智，皆是未能善辨理解之相。若於上說善得定解，則不因其假說修無所緣、無相、了義美妙名稱所惑，知彼等持含義為何，便能了知歧非歧途，故於此諸定量教說修三摩地次第，應當善巧。於此頌曰：

經及廣釋論，善說修定軌，文深故未解，狹慧將自過，
反推諉經論，無修無別教；不於有處求，無處求謂得。
此輩尚未辨，內外定差別，況能如實分，小乘及大乘，
顯教與密教，三摩地差別。見此故淺說，大論修定法。
積年習論友，莫捨自珍寶，而取他碔砆，願識寶自有。

見除汝學典，別無教授義，佛說「多聞者，林中樂」當參。
無分別止道，初修法修量，未得善辨明，劬勞修定師，
尚須依智者，如實知修法，否則暫休息，於教損害小。
慈尊無著論，所說修止法，此亦為聖教，長久住世故。
已釋上士道次第中學菩薩行，於靜慮自性奢摩他如何學法。

AMRITA
TRANSLATION FOUNDATION

大慈恩譯經基金會簡介
與榮董名單

AMRITA
TRANSLATION FOUNDATION
大慈恩譯經基金會

AMRITA TRANSLATION FOUNDATION

創設緣起

真如老師為弘揚清淨傳承教法，匯聚僧團中修學五部大論法要之僧人，於 2013 年底成立「大慈恩・月光國際譯經院」，參照古代漢、藏兩地之譯場，因應現況，制定譯場制度，對藏傳佛典進行全面性的漢譯與校註。

譯經院經過數年的運行，陸續翻譯出版道次第及五部大論相關譯著。同時也收集了大量漢、藏、梵文語系實體經典以及檔案，以資譯經。2018 年，真如老師宣布籌備譯經基金會，以贊助僧伽教育、譯師培訓、接續傳承、譯場運作、典藏經像、經典推廣。

2019 年，於加拿大正式成立非營利組織，命名為「大慈恩譯經基金會」，一以表志隨踵大慈恩三藏玄奘大師譯經之遺業；一以上日下常老和尚之藏文法名為大慈，基金會以大慈恩為名，永銘今後一切譯經事業，皆源自老和尚大慈之恩。英文名稱為「AMRITA TRANSLATION FOUNDATION」，意為不死甘露譯經基金會，以表佛語釋論等經典，是療吾等一切眾生生死重病的甘露妙藥。本會一切僧俗，將以種種轉譯的方式令諸眾生同沾甘露，以此作為永恆的使命。

就是現在，您與我們因緣際會。我們相信，您將與我們把臂共行，一同走向這段美妙的譯師之旅！

大慈恩譯經基金會官網網站：https://www.amrtf.org/

AMRITA
TRANSLATION FOUNDATION

創始榮董名單

真如老師 楊哲優闔家 蕭丞莛 王名誼 釋如法 賴春長 江秀琴 張燈技 李麗雲 鄭鳳珠 鄭周 江合原 GWBI 蔡鴻儒 朱延均闔家 朱崴國際 康義輝 釋徹浩 釋如旭 陳悌錦 盧淑惠 陳麗瑛 劉美爵 邱國清 李月珠 劉鈴珠 楊林金寶 楊雪芬 施玉鈴 吳芬霞 徐金水 福泉資產管理顧問 王麒銘 王藝臻 王嘉賓 王建誠 陳秀仁 李榮芳 陳侯君 盧嬿竹 陳麗雲 張金平 楊炳南 宋淑雅 王淑均 陳玫圭 蔡欣儒 林素鐶 鄭芬芳 陳弘昌闔家 黃致文 蘇淑慧 魏榮展 何克澧 崔德霞 黃錦霞 楊淑涼 賴秋進 陳美貞 蕭仲凱 黃芷芸 陳劉鳳 楊耀陳 沈揚 曾月慧 吳紫蔚 張育銘 蘇國棟 闕月雲 蘇秀婷 劉素音 李凌娟 陶汶 周陳柳 林崑山闔家 韓麗鳳 蔡瑞鳳 陳銀雪 張秀雲 游陳溪闔家 蘇秀文 羅云彤 余順興 Huang,Yu Chi 闔家 林美伶 廖美子闔家 林珍珍 蕭陳麗宏 邱素敏 李翊民 李季翰 水陸法會弟子 朱善本 顏明霞闔家 劉珈含闔家 蔡少華 李賽雲闔家 張航語闔家 詹益忠闔家 姚欣耿闔家 羅劍平闔家 李東明 釋性修 釋性祈 釋法謹 吳宜軒 陳美華 林郭喬鈴 洪麗玉 吳嬌娥 陳維金 陳秋惠 翁靖賀 邱重銘 李承慧 蕭誠佑 蔣岳樺 包雅軍 陳姿佑 陳宣廷 蕭麗芳 周麗芳 詹尤莉 陳淑媛 李永智 程莉闔家 蘇玉杰闔家 孫文利闔家 巴勇闔家 程紅林闔家 黃榕闔家 劉予非闔家 章昶 王成靜 丁欽闔家 洪燕君 崔品寬闔家 鄭榆莉 彭卓 德鳴闔家 周圓海 鄒靜 劉紅君 潘紘 翁梅玉闔家 慧妙闔家 蔡金鑫闔家 慧祥闔家 駱國海 王文添闔家 翁春蘭 林廷諭 黃允聰 羅陳碧雪 黃水圳 黃裕民 羅兆鈴 黃彥傑 俞秋梅 黃美娥 蘇博聖 練雪溱 高麗玲 彭劉帶妹．彭鈺茹 吳松柏．彭金蘭 吳海勇 陳瑞秀 傅卓祥 王鵬翔 張曜樢闔家 鄧恩潮 蔡榮瑞 蔡佩君

創始榮董名單

吳曜宗 陳耀輝 李銘洲 鄭天爵 鄭充閭 吳海勇 鐘俊益 鄭淑文 黃裕民闔家 任碧玉 任碧霞 龔龔顯 廖紫岑 唐松章 陳贊鴻 張秋燕 清達師 華月琴 鄭金指 練雪溱 林丕燦 高麗玲闔家 嚴淑華闔家 郭甜闔家 賴春長闔家 馮精華闔家 簡李選闔家 黃麗卿闔家 劉美宏 鄭志峯闔家 紀素華 紀素玲 潘頻余闔家 莊鎮光 鍾淳淵 林碧惠 陳依涵 黃芷芸 蔡淑筠 陳吳月香 褚麗鳳 性覽師 / 法邦師 林春發 張健均 吳秀 葉坤土 林立茱 黃美燕 黃俊傑闔家 陳麗瑛 張俊梧 吳芬霞 邱金鳳 邱碧雲 詹明雅 陳奕君 翁春蘭 舒子正 李玉瑩 楊淑瑜 陳卉羚 張陳芳梅 徐不愛 林江桂 簡素雲 周秀麗 陳悌錦闔家 林淑美 王佳晴 古賴義裕 李回源

AMRITA
TRANSLATION FOUNDATION

2020-2021 年榮董名單

康玲玲 洪春秀 王富子 賴如椿 黃郁惠 林千愉 鄭松壽 鄭黃煦之 楊植三 蔡秀琴 邱竣華 謝文科 嚴宗耀 沈瑪莉 張玉虹 高之齊 盧蒼騰 黃宗誠 李春金 李芝蘭 張佩君 洪楚娜 林志明 許玉枝 蔡林玉燕 邱有財 林秀玲 許淑琅 李桂英 曾煥信 朱真如 朱曼如 何庚燁 曹永利 盧譽之 黃家鼎 邱俊維 楊吉田 張春梅 余佳雯親友團 李宜珍 伊永波 深圳市悅意集團 王建福 傅金漢 黃海庭 邱尚蘭 蔡均逸 陳美玉 陳素卿闔家 林秀珠闔家 蔡榮發 大悲齋僧團 林玉華 黃寶秀 李建中 嚴雅仙 范揚深闔家 陳贊鴻 吳靜君 王瑞豐闔家 洪雪闔家 蔡馬晹 彭靜 潘泓 張素貞 鄭秋梅 陳維君闔家 Wendy Ho 李興芳 陳兆臨 林俊宏 陳慧蓉

AMRITA
TRANSLATION FOUNDATION

2021-2022 年榮董名單

釋清克 莊如松闔家 黃杜榮子 李靜泱闔家 福智園區教師群 林淼涼闔家 蒙特婁越南玄空寺 李巧芳闔家 丁雅蓉 陳素真 劉阿基闔家 何錦潮 侯榮利陳秀亮闔家 許碧雲闔家 陳阿嬌闔家 魏美蓉何光燿闔家 蔡銀鏢 梁乃文 鄭淑文闔家 吳耀棠闔家 陳如馨闔家 舒子正 李玉瑩 胡欣蓮闔家 孟媯闔家 薛琍文闔家 蔡愛群蔡麗須闔家 李春景 許竣富 許竣賀闔家 王昭孌闔家 彭志偉 蔡榮瑞 蔡佩君 林惠莉 林美華 HOPE Center 周宜容 何定慧闔家 林翠平闔家 李建彤 陳金源闔家 釋性哲

AMRITA
TRANSLATION FOUNDATION

2022-2023 年榮董名單

徐明旺闔家 利根川 張桂英闔家 李興雄闔家 釋性燈 李志蓉闔家 顧宗光 蔣勝池闔家 尹淑萍 袁欣樂 翁麗琴 袁瑢 李永晃闔家 趙敏帆闔家 張棟江 鍾玲玉 羅麗鴻闔家 黃淑清 黃顯珺 張雲凱 王金月闔家 和美教室全體學員 李春陽闔家 黃素芬 善友佛子行 李九思 呂美齡闔家 田家瑄闔家 辛慶宗闔家 王彬彬 賴怡君 林當得闔家 蔡鵬飛 李欲斌闔家 詹玉雯闔家 許麗卿 郭淑娩 郭啓東闔家 馬超琴闔家 彰化 15 宗 08 班清再 林勵延闔家 王書欽 蔡淑麗 梁黃碧桂 梁仁綜 楊麗蘭 香港科美公司 蔡連升 王美芳闔家 吳佳臻闔家 唐如燕 嚴雅仙 呂佳穎 李松育 李佳隆 張綵容 張月容闔家 李文仁 白麗美 鞏台雲 鄧鳳玲 葉騏禎 潘淑琴 張王淑玲 許淑勤 蔡昇幟闔家 杜瓊華 何美鈴闔家 張淑芬闔家 蕭美華 鄭蕙 李興芳 林曉玟 沈秀昭 莊淑英 陳玉珠 劉呂秀泱

菩提道次第廣論・奢摩他 校訂本

造　　論　宗喀巴大師
譯　　論　法尊法師
總　　監　真　如
校　　訂　大慈恩・月光國際譯經院（釋如法、釋如密、釋如行等）

責任編輯　廖育君
美術設計　張福海
排　　版　華漢電腦排版有限公司
印　　刷　科樂印刷事業股份有限公司

出 版 者　福智文化股份有限公司
地　　址　105407 臺北市松山區八德路三段 212 號 9 樓
電　　話　(02) 2577-0637
客服 Email　serve@bwpublish.com

總 經 銷　時報文化出版企業股份有限公司
地　　址　333019 桃園市龜山區萬壽路二段 351 號
電　　話　(02) 2306-6600 轉 2111
出版日期　2021 年 12 月 初版二刷
定　　價　新台幣 350 元
I S B N　978-986-06682-2-3

國家圖書館出版品預行編目(CIP)資料

菩提道次第廣論.奢摩他 / 宗喀巴大師著 ; 法尊法師譯論. -- 初版. -- 臺北市 : 福智文化股份有限公司, 2021.12

面； 公分

ISBN 978-986-06682-2-3(精裝)

1.藏傳佛教 2.注釋 3.佛教修持

226.962 110016508

上士道護法——六臂怙主

大慈恩譯經基金會館藏

上士道護法——六臂怙主 偈讚

上師怙主無分別　我今虔誠敬皈依

我等有情諸煩惱　祈願斷除盡無餘

怙主上師無分別　我今虔誠敬皈依

我等有情諸障礙　祈願斷除盡無餘

大慈恩譯經基金會館藏　林大由闔家迎請

中士道護法——多聞天子 偈讚

藥叉大王多聞子
財富自在雨妙欲
大悲怙主滅貧乏
敬禮天王并眷屬

下士道護法——閻摩法王

大慈恩譯經基金會館藏　陳拓維、陳姿穎迎請

下士道護法——閻摩法王 偈讚

大力閻摩法王及眷屬
若於阿底峽及宗師教
作害怨魔盼汝悉鏟除
如子守護教法持教者